教育类专业"岗课赛证融通"系列教材

早期教育概论

ZAOQI JIAOYU GAILUN

活页式教材

主　　编：陈菲菲
副 主 编：朱佳慧　杨　俐
参　　编：李雪晗　陈彧洁

图书在版编目（CIP）数据

早期教育概论 / 陈菲菲主编. —2版. —北京：北京师范大学出版社，2024.2
ISBN 978-7-303-28488-7

Ⅰ. ①早… Ⅱ. ①陈… Ⅲ. ①早期教育－概论 Ⅳ. ① G61

中国版本图书馆 CIP 数据核字（2022）第 242885 号

教材意见反馈　gaozhifk@bnupg.com　010-58805079
营销中心电话　010-58802755　58800035
编辑部电话　010-58802883

出版发行：北京师范大学出版社　www.bnupg.com
北京市西城区新街口外大街 12-3 号
邮政编码：100088

印　　刷：	鸿博睿特（天津）印刷科技有限公司
经　　销：	全国新华书店
开　　本：	889 mm × 1194 mm　1/16
印　　张：	10.25
字　　数：	190 千字
版　　次：	2024 年 2 月第 2 版
印　　次：	2024 年 2 月第 13 次印刷
定　　价：	28.80 元

策划编辑：姚贵平	责任编辑：姚安峰
美术编辑：焦　丽	装帧设计：焦　丽
责任校对：陈　荟	责任印制：陈　涛　赵　龙

版权所有　侵权必究
反盗版、侵权举报电话：010-58800697
北京读者服务部电话：010-58808104
外埠邮购电话：010-58808083
本书如有印装质量问题，请与印制管理部联系调换。
印制管理部电话：010-58800608

思维导图

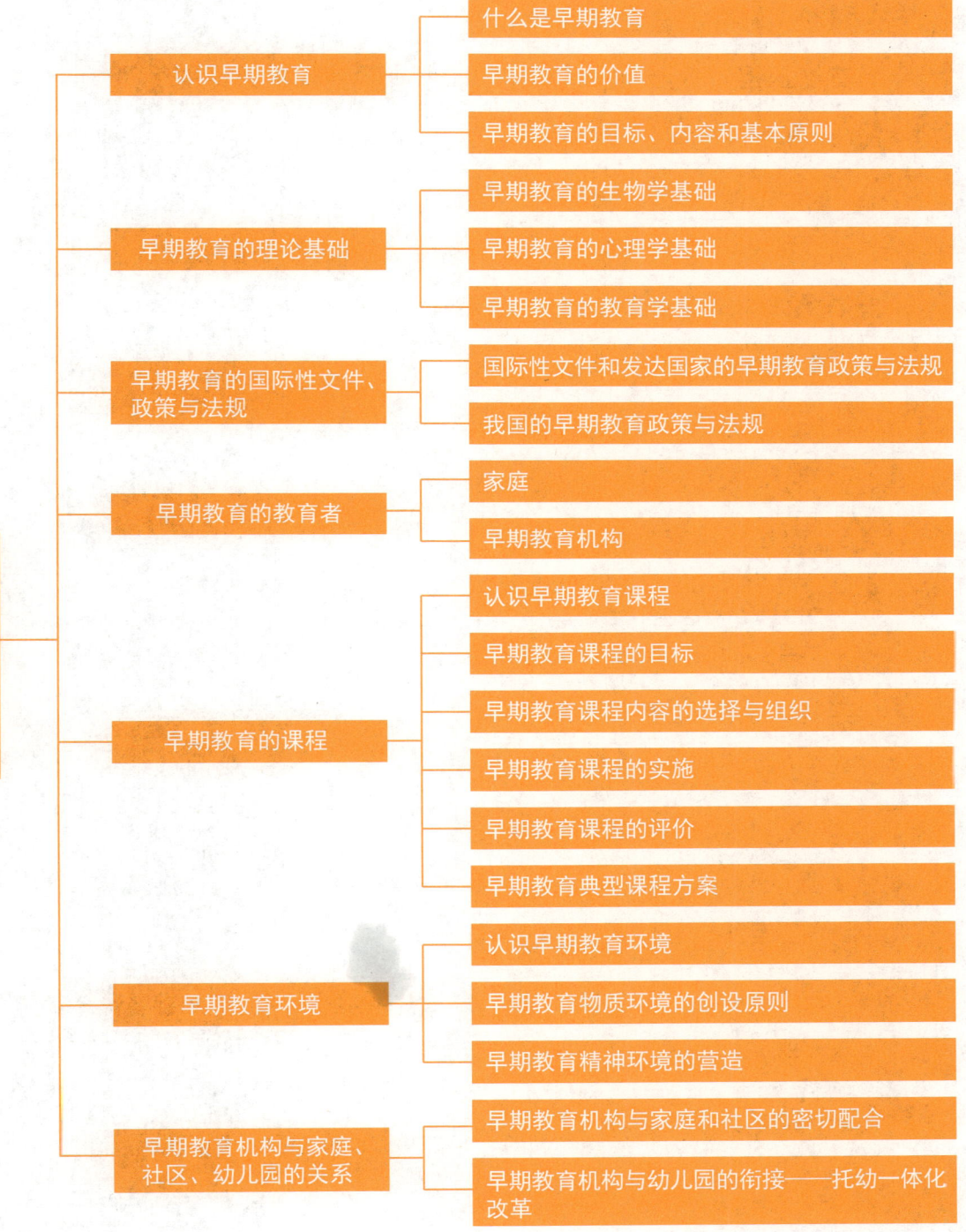

前 言

党的二十大报告指出:"完善人才战略布局,坚持各方面人才一起抓,建设规模宏大、结构合理、素质优良的人才队伍。"当前,早期教育是当前的教育热点之一,越来越多的父母选择将孩子送至早期教育机构、托幼机构,并且希望获得科学的教养方法。在这种形势下,早期教育机构、托幼机构开始设计各种早期教育课程、组织富有特色的亲子活动、创设适合婴幼儿游戏生活的环境,以更好地实施婴幼儿早期教育。优质的早期教育课程和优质的早期教育师资成为早期教育发展的必要关注点。我国现有师资不能满足0～6岁婴幼一体化学前教育发展的形势,培养能够从事0～3岁婴幼儿早期教育的师资成为当务之急。

随着对早期教育研究的深入以及大众早期教育意识的提高,指向0～3岁婴幼儿早期教育指导的需求也日益提升。为此,国家出台了《国务院办公厅关于促进3岁以下婴幼儿照护服务发展的指导意见》《关于养老、托育、家政等社区家庭服务业税费优惠政策的公告》《托育机构设置标准(试行)》《托育机构管理规范(试行)》等一系列的文件,进一步明确了早期教育工作的规范。

在目前已出版的教材或者专著中,适合高职阶段的专科层次学生的书籍相对较少。因此,开发针对0～3岁婴幼儿早期教育的教材,培养0～3岁婴幼儿早期教育的人才成为当务之急。在习近平新时代中国特色社会主义思想的指导下,我们着手本教材的编写工作,试图为早期教育专业的学生,提供一本适用的教材。在编写过程中,我们从编写理念、编写体例、内容难度、关注群体、读者对象等方面进行了诸多思考。本教材具有以下特点。

第一,按照早期教育的理念设计,体现基础性和实用性,遵循理论联系实际的原则,吸收了国内外早期教育的理念和实践研究成果。

第二,秉持"知识点""案例""拓展阅读"三位一体的编写理念,每个专题都有"互动交流""学习初体验"等栏目,希望有效地帮助学习者将专业知识与实际联系起来，深化对知识的理解。

第三，每个专题设有"学习目标""思维导图"等栏目，使学习者能够在学习前准确地了解学习目标以及学习内容的逻辑框架，在学习后进行有针对性的思考与练习，总结所学内容。

第四，难度适中，易于理解。在编写过程中，我们尽量对理论做化繁为简的处理，并且结合案例来更好地帮助学习者理解与运用。

另外，本教材还配有相关的视频资料，对教材内容进行补充。

总而言之，本教材既具备较强的理论性，又具有实践性和可操作性。本教材总共七个专题，各专题的编写分工情况如下：专题一由杨俐编写，专题二由李雪晗编写，专题三和专题四由朱佳慧编写，专题五和专题六由陈菲菲编写，专题七由陈彧洁编写。每一位教师都认真、严谨地参与了教材的编写工作，同时本教材的编写得到了张晗教授的支持和指导，在此一并表示感谢。

目录 CONTENTS

专题一 认识早期教育
学习主题一　什么是早期教育 / 2
学习主题二　早期教育的价值 / 11
学习主题三　早期教育的目标、内容和基本原则 / 17

专题二 早期教育的理论基础
学习主题一　早期教育的生物学基础 / 25
学习主题二　早期教育的心理学基础 / 27
学习主题三　早期教育的教育学基础 / 35

专题三 早期教育的国际性文件、政策与法规
学习主题一　国际性文件和发达国家的早期教育政策与法规 / 56
学习主题二　我国的早期教育政策与法规 / 64

专题四 早期教育的教育者
学习主题一　家庭 / 80
学习主题二　早期教育机构 / 91

专题五 早期教育的课程
学习主题一　认识早期教育课程 / 99
学习主题二　早期教育课程的目标 / 104
学习主题三　早期教育课程内容的选择与组织 / 112
学习主题四　早期教育课程的实施 / 115
学习主题五　早期教育课程的评价 / 120
学习主题六　早期教育典型课程方案 / 126

专题六　早期教育环境

学习主题一　认识早期教育环境 / 134

学习主题二　早期教育物质环境的创设原则 / 137

学习主题三　早期教育精神环境的营造 / 141

专题七　早期教育机构与家庭、社区、幼儿园的关系

学习主题一　早期教育机构与家庭和社区的密切配合 / 144

学习主题二　早期教育机构与幼儿园的衔接——托幼一体化改革 / 148

参考文献 / 156

专题一 认识早期教育

学习目标

1. 理解什么是早期教育,树立科学的早期教育观。
2. 领会早期教育对个体发展和社会发展的重要意义。
3. 了解早期教育的目标和特点。
4. 掌握早期教育的内容和原则。

思维导图

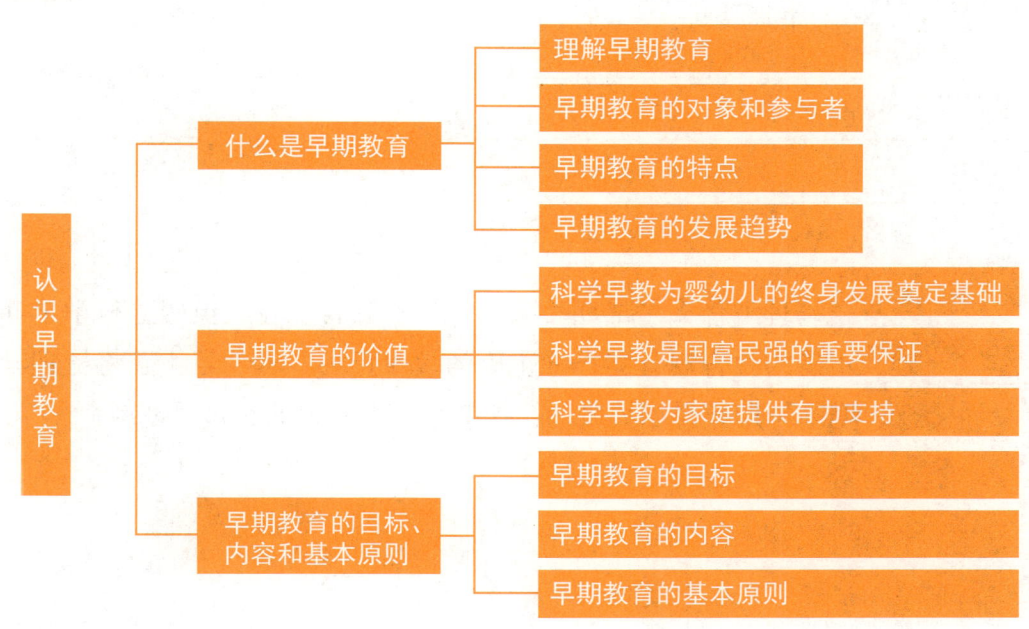

早期教育概论

互动交流

近年来，越来越多的家长愿意将孩子送进早期教育机构学习。其中，很多家长认为早期教育就是要早点教，越早越好。有些家长认为把孩子送到早期教育机构，可以最大限度开发孩子的智力潜能，让孩子赢在起跑线上。还有些家长认为自己工作太忙，根本没有时间教育孩子，将孩子交给早期教育机构的专业教师，效果一定会更好。

早期教育就是超前教育，早期教育就是智力开发，早期教育是由机构和专业教师来承担的，这些观点你认同吗？应该如何理解什么是早期教育，以及早期教育的价值、目标、内容和基本原则呢？

学习主题一　什么是早期教育

学习初体验

家长 A：孩子 3 岁，为孩子购买了早期教育学习机，让孩子每天跟着学习机学念古诗、做简单的算术题、学习英文单词。在与孩子的交谈中，使用双语交流，还运用识字图卡丰富孩子的认字量。

家长 B：孩子 3 岁，空余时间尽量带孩子到附近的公园散步，在散步时让孩子观察自然界中的事物，如花、果实；让孩子尽情玩沙、玩水，陪孩子玩球，增加孩子的运动量。

这两位家长的做法，你更认同哪一位？

正确理解什么是早期教育，是早期教育从业人员树立科学早期教育观的基础。正确的教育观方能指导正确的教育行为。本学习主题将梳理早期教育的概念，明晰早期教育相关概念，帮助学习者理解什么是早期教育。

学习笔记

一、理解早期教育

（一）理解相关概念

1. 婴幼儿

联合国《儿童权利公约》规定儿童系指18岁以下的任何人，除非对其适用之法律规定成年年龄低于18岁。《中华人民共和国未成年人保护法》等法律的规定未成年人是指未满18周岁的公民。关于儿童期年龄阶段，划分界限不尽相同。本教材采用高等医药院校教材《儿科学》划分儿童年龄的方法，其中，婴儿期是自出生到不满1岁，幼儿期是从1岁至不满3岁。❶

基于上述划分，婴幼儿是0～3岁儿童的统称，包含了婴儿期和幼儿期。这一年龄阶段的儿童身心发展极为迅速，还未正式进入幼儿园等教育机构，以家庭养育为主。

2. 婴幼儿保育

婴幼儿保育是指成人为0～3岁婴幼儿的生存、发展创设有利的环境，提供相应的物质条件，给予婴幼儿精心的照顾和科学的养育，帮助其身体和机能得到良好的发育，促进其身心健康发展。

3. 婴幼儿教育

婴幼儿教育是指根据婴幼儿生理和心理发展的特点，对其进行有目的、有计划的引导和培养，促进婴幼儿身心和谐、全面发展。❷

（二）早期教育的含义

联合国教科文组织对早期教育的定义是："为在儿童从出生到上小学这一期间，以正规、非正式和非正规的保育方式，保障他们的生存，促进他们的成长、发展和学习（包括促进其健康、营养和卫生，以及认知、社会、生理和情感综合发展）的各种各样的安排，包括家庭养育计划、社区儿童保育、学校提供的正规学前教育等。"❸

英国早期基础教育体系❹（Early Years Foundation Stage，EYFS）作为较大规模的早期教育跟踪及效果评估项目，在法律框架下形成了EYFS幼儿教育方案，以此促进0～5岁幼儿早期教育水平，促进幼儿发展，为幼儿未来学习和生活打下坚实的基础。

---

❶ 参见孙钰伟、赵小菲主编：《儿科学》，4页，北京，中国医药科技出版社，2017。
❷ 参见张兰香主编：《0～3岁婴儿保育与教育》，2～9页，北京，北京师范大学出版社，2017。
❸ 罗小琴、杨莉君：《论我国早期教育专业师资培养的三个维度——意涵解读、困境解剖与实践解答》，载《当代教育论坛》，2021（1）。
❹ 又译"早期奠基阶段"。

美国幼儿教育协会（National Association for the Education of Young Children, NAEYC）定义的早期教育是指对0～8岁幼儿实施的教育，涵盖各类面向0～8岁幼儿的发展适应性教育项目。

早期教育的概念很难有一个统一的界定，但从世界各国早期教育的现状来看，对于早期教育概念的把握，要明确两个基本要素，一是早期教育对象的年龄划分，二是早期教育的任务。

首先，从早期教育实施对象的年龄来看，国际上比较普遍采用从出生到孩子入学前，即0～8岁或0～6岁，这也是广义的早期教育所指的年龄阶段。在我国，我们通常把3～6岁阶段教育称为学前教育或者幼儿园教育，早期教育的对象主要指0～3岁婴幼儿。《国家中长期教育改革和发展规划纲要（2010—2020年）》提出"基本普及学前教育……重视0至3岁婴幼儿教育"。因此，在我国，狭义的早期教育也被理解为针对0～3岁婴幼儿的早期教育。

其次，从早期教育的任务来看，早期教育基本围绕促进幼儿的生理和心理发展展开，既实施保育也实施教育，保证幼儿有良好的开端和教育基础，为幼儿未来发展做好全面适宜性的准备。

综上，广义的早期教育指的是针对0～6岁或0～8岁幼儿进行符合其自然发展，促进其身心健康成长与终身受益的教育。狭义的早期教育指的是针对0～3岁婴幼儿，以科学发展观指导的促进其身心发展的适宜性教育。

二、早期教育的对象和参与者

（一）教育对象

早期教育的对象首先是婴幼儿，要依照婴幼儿心理和生理发展的特点和规律，选取教育的内容与方法。婴幼儿发展的特殊性，以及该阶段父母、家庭在婴幼儿身心发展中的重要作用，决定了早期教育的对象不仅仅包括婴幼儿，也应包括家长。当早期教育机构或教育部门实施早期教育时，既要教育婴幼儿，也要指导家长科学育儿。例如，英国实施的"确保开端计划"的核心是关注0～3岁婴幼儿的保育和教育，其工作既包括对0～3岁婴幼儿的看护和教育，也包括对家长的指导和培训。

早期教育的对象和参与者

📎 **相关链接** ▶▶▶▶▶

2001年，国务院批准印发了《中国儿童发展纲要（2001—2010年）》，第一次提出要发展0～3岁儿童的早期教育。2003年，国务院办公厅转发教育部等部门（单位）《关于幼儿教育改革与发展的指导意见》，提出为0～6岁儿童和家长提供早期教育和保育服务，全面提高0～6岁儿童家长及看护人员的科学育儿能力。我国在学前教育"十五"发展规划中明确提出了0～3岁早期教育发展目标，即大面积提高3岁以下儿童看护人的科学育儿能力，积极探索以社区为依托，多种正规与非正规托幼机构及家庭教育服务设施相结合的区域性早期教育服务网络。❶

（二）参与者

1. 婴幼儿

《国家中长期教育改革和发展规划纲要（2010—2020年）》明确指出，充分发挥学生的主动性，把促进学生健康成长作为学校一切工作的出发点和落脚点。关心每个学生，促进每个学生主动地、生动活泼地发展，尊重教育规律和学生身心发展规律，为每个学生提供适合的教育。努力培养造就数以亿计的高素质劳动者、数以千万计的专门人才和一大批拔尖创新人才。因此，在向婴幼儿提供发展适宜性教育项目时，对婴幼儿的理解非常关键。我们可以从共性和个性两个层面来探讨婴幼儿。

（1）婴幼儿的共性

尽管每个婴幼儿都是独特的，但是他们之间也存在共同之处。例如，所有婴幼儿都需要人性化的环境、值得信赖的成人、稳定感和安全感、日益增加的自主权、能力感及自尊感等。同样，我们可以通过一些共同的特征和技能来识别婴幼儿所处的不同发展阶段。

在正常发展的过程中，婴幼儿以完全可以预知的方式，在合理的时间范围内到达发展的里程碑。我们对婴幼儿的认识源自一整套为不同年龄段儿童的发展设定的标准。这些标准的设定离不开耶鲁大学儿童发展临床医学系主任阿诺德·格塞尔的先驱性研究。根据格塞尔的观点，婴幼儿的发展会经历一个可预知的连续过程，其间平衡期与不平衡期交替出现。❷事实上，不同年龄段的婴幼儿发展的适宜性观点——发展适宜性教育的基础——都基于格塞尔的研究。

个体出生后的第一年对建立所有发展领域来说非常关键，婴幼儿在这一年会发生惊人的变化。新生儿最早的活动是反射性活动，但是很快就会出现更

---

❶ 参见何慧华主编：《0～3岁婴幼儿保育与教育》，12页，上海，上海交通大学出版社，2013。

❷ 参见［美］阿诺德·格塞尔、［美］弗朗斯·L.伊尔克主编：《现代文明中的婴幼儿——儿童行为和人格培养指南》，桑标、胡经纬、程琛译，43～54页，上海，上海人民出版社，2015。

加有目的的活动。另外，他们的感觉器官也会为他们提供关于这个世界的大量的、宝贵的信息。0～6个月，婴幼儿开始伸手抓握物体、翻身、借助外力坐直。7～12个月，婴幼儿开始掌握指尖抓握（用拇指和食指握住物体）、爬、独自站立或者独自行走的技能。婴幼儿通过运用日益增强的肌肉运动技能及获得的感知觉信息来认识和理解世界。在社交方面，婴幼儿可以认识对他们来说重要的人，尤其是父母。这种亲密关系表现为目光追随、对着成人微笑、跟在成人后面爬行。将满1岁时，婴幼儿对父母表现出强烈的依恋，对陌生人则可能表现出恐惧和排斥。婴幼儿非常擅长交流，他们的语言理解力也日益增强。在能够说出清晰的词语之前，他们会用咿呀语与成人"交谈"。他们最先说出的词语通常与社会关系有关，尤其是"妈妈"和"爸爸"。婴幼儿需要的是能以稳定的、人性化的、尊重的态度来识别并满足其需求的成人。因此，早期教育的教师应非常重视与婴幼儿建立充满信任感和安全感的稳定关系，根据婴幼儿的生活节奏和对看护、用餐、睡眠、游戏及社交的需求来提供常规服务。之后，当婴幼儿开始进行大量运动时，早期教育的教师必须为婴幼儿提供爬行和走路的适宜空间，以及有趣的可探索的环境，还要保证婴幼儿生活的环境安全、卫生。

　　1～3岁的婴幼儿，又被称为学步儿。他们开始进入一个尚待探索的、充满奇迹的世界。其中，1～2岁的婴幼儿通过活动不断习得技能，最初学习走路时还会摇摇晃晃，但很快情况就会得到改善。将满2岁时，他们可以稳步行走，还可以跑步、倒着走和爬楼梯等。很快地，他们也开始将新发展的运动技能和推、拉物体结合起来。他们还善于捡拾东西，热衷于到处扔东西。1岁的婴幼儿的手指控制能力日益增强。这在他们自己用餐的时候可以体现出来。他们喜欢自己抓握食物送进口中，自己使用勺子，自己使用杯子，尽管这些尝试并非总能成功。他们变得更加独立，想自己做更多的事情。他们的语言能力获得迅速发展，发音变得更加清楚，词语也变得多样化。2.5岁左右，他们开始获得在头脑中表征物体和事件的能力。当他们模仿别人的动作或者参与简单的装扮游戏时，表征能力就会显现出来。针对这个年龄段的婴幼儿，早期教育的教师必须不断地提供安全、一致、充满爱心的支持性环境。教师和婴幼儿之间的互动、谈话和社交游戏非常有利于这个年龄段婴幼儿的发展。此外，因为1～2岁的婴幼儿对周围的世界非常好奇，但是缺乏安全意识，所以教师必须一直保持警惕。

　　2～3岁的婴幼儿正处于从婴儿期向儿童期的过渡阶段。他们正处在习得并热切地使用许多新技能的阶段，尤其是语言运用和动作控制这两种明显区别婴幼儿和儿童的技能。在这一年里，婴幼儿的身体控制能力不断增强。比如，他们脱离了婴儿期的摇摇晃晃，能更加自信地行走和跑动；逐渐增强的手指控制力也使他们能够完成简单的智力游戏或使用餐具。与此同时，他们的语言能力飞速发展，沟通能力不断增强，对词汇、语法结构的掌握也日益增强。此外，他们的自理技能也得到提高，大多数婴幼儿经过训练都可以独自上厕所。在掌握运动、语言和自理技能的过程中，婴幼儿的独立性也得到了锻炼。2～3岁的婴幼儿参与活动只是为了开心而非要达到一定目的。比如，他们跑步是为了体验快乐，而非快速到达某地；他们绘画是为了体验绘画过程，而非对完成一幅作品感兴趣。这个年龄段的婴幼儿怀着极大的热情、全身心地投入各种活动，包括绘画、玩橡皮泥、倾倒水和沙、阅读等。他们尤其喜欢运用味觉、嗅觉、视觉和听觉等获得经验。2～3岁的婴幼儿还喜欢重复，如重复使用刚刚获得的技能。这是正常的，有助于婴幼儿在获得新能力之前充分理解自己已有的能力。2～3岁的婴幼儿在与同伴交往时虽然更多地表现为凑在一起却各自玩耍，但也逐渐开始学会一些社交技能。通常情况下，他们不合作、不分享。2～3岁的婴幼儿自制力有限，他们可能会通过从同伴手中抢夺喜欢的玩具或发脾气来表达其日益增强的独立性和自信。发脾气在2～3岁的婴幼儿中很常见，这反映了他们某些有限的技能，如言语技能。有限的言语技能使他们不能充分表达自己的需求。他们也不擅长延缓欲望，常常"马上"就想得到满足。针对这个阶段的婴幼儿，教师需要提供一种支持性的、持续的、安全的环境，以帮助婴幼儿锻炼并掌握发展的技能。此外，教师还应该经常表扬婴幼儿技能的习得。教师悉心的指导会让婴幼儿变得更加自信，同时也有利于发展婴幼儿与他人交往时的自控能力。

（2）婴幼儿的个性

婴幼儿虽然对感情、被认可、稳定性、尊重和适当的挑战有共同的基本需求，但彼此之间也存在多样性。在正常发展的范围内，每个婴幼儿都具有不同于其他婴幼儿的个性特点。

婴幼儿的个性反映了塑造婴幼儿气质的先天及外界因素。有些婴幼儿具有随和的气质。比如，他们具有中等程度的活动水平、可以让成人预知的规律作息，对新环境持积极态度，好奇心强烈。有些婴幼儿具有比较乖张的气质。比如，他们脾气急躁，令人捉摸不定。婴幼儿与生俱来的气质特征，会逐渐影响周围的成人。

婴幼儿的个性也受到家庭的文化和经济等因素的影响。因此，早期教育的教师要对婴幼儿家庭的多样性保持敏感，真正重视不同家庭的氛围。

一些婴幼儿先天具有或者后天形成的状况，使得他们在某个方面或者多个方面的发展水平明显晚于同年龄段的婴幼儿。这意味着他们在某个发展领域或

者多个发展领域完成任务的时间比同龄人长，如果早期干预没有发生作用，这些婴幼儿很可能出现问题。适当的帮助或许可以使发展迟缓的婴幼儿达到正常的发展要求。

2. 家庭

家庭是幼儿出生与成长的地方。从幼儿出生开始，父母就承担着养育幼儿的重要责任。越来越多的心理研究表明，童年早期的亲子关系，直接影响幼儿健康人格的发展。家庭教育对幼儿认知、情绪情感、社会性等方面的发展影响将持续终生。可见，家庭是0～3岁早期教育的主要场所，父母是幼儿发展的第一任教师。当前不少家长将早期教育狭隘地理解为早期教育机构教育，试图将早期教育的任务转嫁给早期教育机构，认为早期教育机构的教师能替代家庭在成长中的作用。这是严重的认识误区。

可以说，家庭是早期教育的重要阵地，家庭教育是早期教育的重要形式。在古代的早期教育中，家庭发挥着不可替代的作用。现代社会的早期教育责任被过多地转嫁到早期教育机构、幼儿园等专业机构，而本应父母承担的早期教育义务被忽视，造成婴幼儿家庭方面的早期教育的缺失。事实上，婴幼儿所接受的早期教育相当一部分来自家庭，家庭才是早期教育的起点。父母对于孩子发展的特殊意义是无法替代的，孩子年龄越小，父母的影响力就越大。父母对孩子的教育包括显性教育和隐性教育，其中隐性教育是非常重要的。一方面，父母通过日常的言行来影响和教育孩子；另一方面，良好的父母关系对孩子具有积极的教育意义，生活在和谐、温暖的家庭中的孩子更容易建立安全感和责任感，形成健全的人格。

在家庭中，除父母之外还有一股重要的力量，那就是其他看护人的力量。对于我国的大多数家庭而言，爷爷、奶奶、姥姥、姥爷都是婴幼儿看护的主要力量。这些有大量时间跟婴幼儿相处的看护人，他们的言行举止会对婴幼儿产生极大的影响。对于这股来自家庭的早期教育力量，一方面，我们应看到其重要性和不可或缺性；另一方面，我们必须努力将前沿的早期教育知识传授给他们，以帮助他们更好地完成早期教育的任务，实现早期教育的目标。

3. 早期教育相关从业人员

当前，早期教育相关从业人员是早期教育的主要参与者，是在早期教育中对婴幼儿产生教育影响的专业人员。早期教育相关从业人员包括家庭聘请的育婴员、早期教育的教师和负责人、社区或医疗部门的儿童保健医生等。只有当家长选择相应的早期教育服务时，这些从业人员才能发挥保教功能。广义上讲，可以将0～6岁幼儿早期教育分为0～3岁和3～6岁两个阶段，早期教育教师也就被分成了早期教育机构教师和幼儿园教师两类。这两类人员的职业素养要求和准入标准也是不同的。幼儿园教师有较为完备的从业标准，如《幼儿园教师专业标准（试行）》就对幼儿园教师提出了基本的职业要求，并对幼儿园教师的行为做了规范，是幼儿园教师培养、准入、培训、考核等工作的重要依据。

相对于幼儿园教师，我国0～3岁早期教育机构专业化的师资队伍有待发展。早期教育行业从业人员的入职门槛较低，专门化的培养院校较少。很多人仅经过短期的培训，就开始走向早期教育教师岗位，承担具体的早期教育任务。行业标准的制定和监管不到位。实际上，0～3岁是一个关键且充满挑战的教育阶段。在这一阶段，婴幼儿的生理和心理均迅速发展变化。婴幼儿的心智成熟度较低，且由于语言发展的问题，在沟通上存在一定的困难。因此，需要建立一支高素质的早期教育教师队伍，他们应掌握丰富的生理学、心理学、教育学、营养学、特殊教育学等相关学科的专业知识与技能，能够针对0～3岁婴幼儿与家长开展保教指导，在营养保健、潜能开发、人格塑造、性格养成、心理卫生等方面进行指导和评价，为婴幼儿的发展创造丰富而适宜的环境。

▶▶ 三、早期教育的特点

（一）基础性

从人的发展角度来看，早期教育的对象是0～3岁婴幼儿。0～3岁婴幼儿正处于人生发展的开端阶段，处于启蒙开智的阶段。这个阶段，婴幼儿的身体迅速发育，心智逐渐萌生，个性开始萌芽。他们在这个阶段所获得的经验不仅影响他们当时的发展，也影响他们青少年期的发展，甚至影响他们的一生。因此，早期教育至关重要，能为人的一生奠定根基，具有基础性的特点。

（二）保教并重

早期教育与其他教育阶段的教育不同，是保教并重的教育。形成这一特点的原因主要是教育对象的独特性。早期教育的对象是0～3岁婴幼儿，他们身心发展还不健全，自理能力差，缺乏自我保护的能力，需要成人的精心照料。因此，早期教育是不能缺少保育的成分，不能像其他教育阶段一样，单纯重视教育。《上海市0～3岁婴幼儿教养方案（试行）》有关"教养理念"的第二条原则是"以养为主""教养融合"，其中提到"坚持保育与教育紧密结合的原则,保中有教,教中重保;自然渗透,教养合一。促进婴幼儿生理与心理的和谐发展"[1]。对于 0～3 岁婴幼儿来说,养育和教育是分不开的。

▶▶ 四、早期教育的发展趋势

2019 年,《国务院办公厅关于促进 3 岁以下婴幼儿照护服务发展的指导意见》发布,指出"坚持以人民为中心的发展思想,以需求和问题为导向,推进供给侧结构性改革,建立完善促进婴幼儿照护服务发展的政策法规体系、标准规范体系和服务供给体系,充分调动社会力量的积极性,多种形式开展婴幼儿照护服务,逐步满足人民群众对婴幼儿照护服务的需求,促进婴幼儿健康成长、广大家庭和谐幸福、经济社会持续发展"。通读该文件,我们不难看出早期教育发展的趋势。

(一)政府主导

建立政府规范体系和标准规范体系,各级政府加强对早期教育的领导和管理,将此纳入国家、地方经济和社会发展的总体规划,确保早期教育的地位。加大财政投入,在增加教育经费总投入的同时,政府及时调整公共财政对教育投入的支出结构。政府充分发挥统筹职能,建立多部门联合参与的早期教育协作共建;加强对早期教育的监督、检查和管理,以确保早期教育事业规范、科学地发展。

(二)普惠优先

政府积极构建以社区早期教育服务为主要阵地的多元化早期教育服务,早期教育成为学前教育体系的有机组成部分。

(三)专业引领

地方政府对早期教育事业规范发展和安全监管负主要责任,规范早期教育的目标、任务、内容和方法,在全国范围内成立专业委员会,由多部门推荐专业骨干,建立早期教育教师行业资格标准和考试及聘用规则。

知识拓展

《国务院办公厅关于促进 3 岁以下婴幼儿照护服务发展的指导意见》

---

[1] 上海市教育委员会:《上海市 0～3 岁婴幼儿教养方案(试行)(上)》,载《幼儿教育》,2004(19)。

学习主题二　早期教育的价值

学习初体验

2020年9月29日,中国儿童中心和中国发展研究基金会联合召开了"贫困地区儿童早期发展"项目调研初步发现交流会。会上,中国儿童中心党委书记丛中笑表示,阻断代际贫困,从娃娃抓起,并提出:如果农村儿童教养的整体水平不提高,将会影响我国基础教育的平均水平和脱贫攻坚的步伐;贫困地区儿童对优质的教育资源如饥似渴。"幼有所育""弱有所扶"关系到贫困地区人民的福祉。

对于上述观点,你是否认同?为什么?

_____

_____

_____

早期教育直接影响人口的质量,关乎国家的发展。早期教育为家长提供支持,服务于家庭、社会。早期教育促进婴幼儿身心健康发展,对人的一生产生重要影响。

早期教育的价值

▶▶ 一、科学早教为婴幼儿的终身发展奠定基础

联合国儿童基金会前执行主任卡罗尔·贝拉米认为,在婴幼儿出生后的前36个月,大脑的信息传递通道迅速发育。当婴幼儿学习说话、感知、行走和思考时,他们用以区分好坏、判断公平与否的价值观也正在形成。毫无疑问,这是人的一生中最容易受外界影响的阶段,也是最需要关怀的时期。

(一)科学早教有利于婴幼儿大脑的发育

脑科学研究表明,0~3岁是大脑发育和变化最为迅速的时期。从有关大脑生理解剖的研究结果来看,6个月时婴幼儿大脑的体积相当于成人大脑体积的50%,3岁时婴幼儿大脑的体积相当于成人大脑体积的80%。大脑的这种发育意味着与学习、记忆、动作控制和其他各项大脑功能相关的脑部结构到3岁时都已经建立,这些彼此传递信息的结构和神经通路会在婴幼儿的一生中被不断地使用,这些连接叫作突触。人脑部的突触连接交织,形成网络,遵循"用进废退"的原则。在0~3岁脑发育的关键期,大脑相应部位若得不到应有的刺激,会导致脑细胞发育放缓,树突生成少而短,细胞和细胞之间的连接不紧密,脑组织结构就会趋于定型,潜能的开发会受到限制。

(二)科学早教有利于婴幼儿潜能的开发

科学家发现,大脑在某个阶段接受某种信息特别容易,这就是我们所说的敏感期。敏感期是指在成长过程中，婴幼儿受内在生命力的驱使，在某个时间段专心吸收环境中的某一事物的特质，如对某种知识和事物接受起来非常容易与敏感。顺利通过敏感期后，婴幼儿的心智水平便从一个层面上升到另一个层面。在敏感期内实施教育，事半功倍，将起到最佳的效果，反之，则事倍功半，甚至一生都无法弥补。狼孩案例已经充分地证实了这一点。婴幼儿期是高度敏感的时期，婴幼儿发育的最初几年是为其设定正确发展轨道的最佳时机。0～3岁是大脑发育的黄金时期，也是可塑性最强的时期，重要的神经元连接将在这一时期形成（或不形成）。这一时期婴幼儿的各种经历为健康、心理及行为设定的轨迹可能会贯穿其一生。同时，婴幼儿又是很脆弱、极易受到伤害的，一些因素常给婴幼儿造成无法挽回的负面影响。"预防远好于干预"是婴幼儿期教育必须遵循的原则。

意大利幼儿教育家蒙台梭利是第一位提出敏感期理论的学者，之后这一理论被广泛地应用于早期教育。在我国，婴幼儿早期教育专家孙瑞雪编写的《捕捉儿童敏感期》一书，用大量有关婴幼儿敏感期的特征和表现的真实案例，帮助我们去发现和认识婴幼儿的敏感期，从而及时给予婴幼儿适当的教育。认识和把握婴幼儿的敏感期，将对婴幼儿的生理和心理发展产生积极的影响，进而为婴幼儿的终身发展打下坚实的基础。例如，口的敏感期。爱吃手、逮住什么都往嘴里塞，这是很多1岁前婴幼儿家长头疼的问题。我们往往会认为婴幼儿这样做是非常不卫生的，必须马上制止。其实我们没有发现这是婴幼儿口的敏感期的典型表现。这一阶段的婴幼儿用口来感觉事物、认识事物，不断练习使用牙齿和舌头。对于这一阶段婴幼儿最好的教育，就是让其能够充分地通过口来完成学习的过程，贸然阻止将破坏婴幼儿的活动，使其无法得到满足。有研究发现，在这一时期未能得到很好满足的婴幼儿，进入成年之后吸烟的比例高出许多。❶

（三）科学早教为婴幼儿的成长建立良好开端

"开端计划"（Head Start Project）发起于1965年。至2005年，"开端计划"共为上千万名婴幼儿提供了包括早期教育、婴幼儿保健在内的各种综合性服务，被誉为美国早期教育的"国家实验室"，对美国的早期教育产生了十分重要的影响。20世纪60年代，美国有很多家庭处于贫困状态，在教育、工作、卫生、保健等社会服务方面都受到了不公平的待遇。在这种社会背景下，美国联邦政府提出了一种教育补偿计划——"开端计划"，即通过关注婴幼儿的早

---

❶ 参见孙瑞雪编著：《捕捉儿童敏感期》，58～60页，北京，中国妇女出版社，2018。

期发展，扩大弱势群体受教育的机会，消除贫困的恶性循环。"开端计划"成功证实了科学的早期教育和对处境不利地位的婴幼儿实施早期介入，能打破教育的恶性循环，让其做好入学准备。

此外，及早进行早期教育有利于及时发现特殊幼儿，并有针对性地实施系列救助措施。有一部分婴幼儿在其早期就表现出特定的心理障碍或行为问题，对这类婴幼儿施以适当而及时的干预，更容易将问题消除在萌芽状态，防止早期问题的持续恶化，从而为婴幼儿后续发展奠定基础。在这方面，美国开展的全纳教育是一种值得借鉴的模式。体现全纳教育理念的全纳学校容纳所有学生，反对歧视、排斥，注重集体合作，是能满足学生不同需求的学校。全纳学校接受和支持每一位学生的权利，学生特殊的教育需求会得到社区全体成员的支持。全纳教育成功的关键是将每一个学生，无论残障与否，都视为具有独特的个性、优点和有需求的个体。这也应该成为我们对特殊幼儿进行早期干预时秉承的观念。我们要通过教育认可、鼓励和培养他们的优点，增强他们的自我概念和自信，从而帮助他们面对残障带来的挑战。早期教育对个人的价值正在被越来越多的人认识和接受，部分家长有"不能让孩子输在起跑线上"的观点，而这种观点所催生的是一种对早期教育个人价值的片面强调，偏离了早期教育的正确方向，使得早期教育成了婴幼儿的负担，阻碍了婴幼儿的健康发展。因此，在重视早期教育的同时，我们还需要思考的是，什么样的早期教育才是有利于婴幼儿发展，符合婴幼儿需要的。

二、科学早教是国富民强的重要保证

教育兴则国家兴，教育强则国家强。教育是国家强盛之基础，教育优先是国家战略之根本。

早期教育为国家发展奠定人才基础，这是人们在 2010 年首届世界幼儿早期保育与教育大会上达成的共识。人力资源是一个国家最大的财富，孩子是国家未来人力资源的主要构成，培养孩子等于培养国家的未来。这是大会一再强调的观点，大会的主题更是被定为"筑建国家财富"。大会意见书指出，在 21 世纪，各国财富不以物质财富为定义标准。它取决于各国培养其人力资本的能力，而且各种价值观在世界范围内凸显出重要性，如平等、公正以及尊重个性。使所有婴幼儿在他们的生命之初享有平等、强大的幼儿保育和教育带来的益处，这符合我们所有人的利益。❶ 早期教育可以从源头上提高人口素质，为社会发展奠定人才基础。早期教育将提高人口素质、建立高素质的人力资源储

---

❶ 参见冯晓霞、周兢：《构筑国家财富——联合国教科文组织首届世界幼儿保育和教育大会简介》，载《学前教育研究》，2011（1）。

备的工作提前到生命的最初阶段，这样就为后续的教育工作打下了良好的基础，提高了教育工作的效率，促进了社会的良性循环。

如今，在世界范围内，新一轮的竞争——为可持续发展而进行的人才竞争正在这个崭新的领域悄然展开。

三、科学早教为家庭提供有力支持

家庭是婴幼儿生长的摇篮，是社会的组织细胞。家庭作为婴幼儿成长历程的第一站，对其人生观、价值观等方面都有着重要的影响。一方面，父母的言行举止为婴幼儿所耳濡目染，成为一种潜在的环境教育；另一方面，父母在这一时期与婴幼儿的接触的质与量，包括哺乳和看护，对婴幼儿信任感和安全感的形成至关重要。高质量的陪伴是婴幼儿信任感与安全感的前提，进而构成婴幼儿心理发展的基础。然而，当前家庭在婴幼儿早期教育方面，却存在着很多认识和操作的误区。一些父母缺乏育儿的经验，或者忙于工作而疏于对婴幼儿的照料和陪伴，这无疑会引发一系列问题。如同世界上任何一个职业都需要培训上岗一样，为人父母，也需要获得科学育儿指导。因此，大力推进早期教育，加强对家长的教育指导极为重要。

当前家庭育儿功能不断弱化，家庭育有所托的需求不断增长。这一需求促进了早期教育机构的发展。为子女寻求高品质、可信赖的保育服务是家长主要的需求之一。大力推进早期教育，办好托育服务工作，很大程度上能使家长有更多的时间来发展事业，减轻家庭育儿的负担。多种形式的早期教育服务，能为家庭提供有力的支持。

相关链接

各地大力发展婴幼儿托育服务　普惠托育园就在家门口

本报记者　申少铁　宋豪新　徐靖

国务院办公厅印发的《关于进一步释放消费潜力促进消费持续恢复的意见》提出，"加快构建普惠托育服务体系，支持社会力量提供多元化、规范化托育服务"。近年来，各地积极探索普惠托育服务，提升婴幼儿家庭获得服务的可及性，促进婴幼儿托育服务规范化发展。一项项暖心举措，让百姓的幸福感不断提升。

"小孩子放在普惠托育园照顾，养娃压力缓解不少！"随着各地推出多种形式的普惠托育服务，越来越多的家长从中受益。

3岁以下婴幼儿无人帮忙照看，成为不少年轻父母的烦恼。民之所盼，政之所向。"十四五"规划纲要提出，每千人口拥有3岁以下婴幼儿托位数从2020年的1.8个提高到2025年的4.5个。如何让更多家庭享受到普惠托育服务？各地推出了哪些举措？记者对比进行了采访。

依托公共设施，社区托育点越来越多

"小朋友们，图片上是什么呀？"

在四川省成都市天府新区安公社区的党群服务中心里，小朋友们在老师的带领下看图识物。

安公社区是成都市百佳示范社区，2021年3月联合专业托育机构开始筹建普惠托育园，为社区里3岁以下婴幼儿提供照护服务。托育园于2021年7月正式开园。200多平方米的居民房被分隔成活动区、就餐区、睡眠区等功能区，还设立了户外活动区。

园长刁荣普介绍，托育服务很灵活，可以长期托、月托，家长临时有事也可以把孩子送过来"临时托"。目前，托育园里有9个孩子，除园长外，还配备了4名老师和1名保育员。托育园的老师都是幼教专业毕业的。他们会根据孩子们的实际情况提前安排"一周活动计划表"，丰富孩子们的入托生活。"既然是普惠托育服务，费用就不能高。"刁荣普说。

"一开始我很犹豫，毕竟孩子还小。后来实在太忙了，就在女儿一岁半的时候把她送了过来。"来接孩子的吴女士说。老师每天向家长发送孩子的照片，详细告知孩子的在园情况。久而久之，吴女士打消了顾虑。

专业化的社区托育点共同发展。目前，成都市在线登记的托育机构有628家，已通过卫健委备案的有217家，还创建了首批33家市级示范性托育机构。

"通过示范性机构领办社区托育点，一方面可以将社区托育点纳入监管；另一方面，二者协同推动托育服务优质资源下沉到社区，让老百姓在家门口就能享受到优质、便民、平价的婴幼儿托育服务。"四川省卫健委相关负责人说。

运营更加规范，给婴幼儿更好的托育服务

安徽省淮北市相山区昱德婴幼儿照护服务中心的教室里传出优美的音乐声，几名小朋友在老师的看护和引导下欣赏音乐。

昱德婴幼儿照护服务中心于2019年成立，是安徽省第一家取得"3岁以下婴幼儿照护服务机构营业执照"的从业单位。"目前，园内共有65名幼儿，按照1岁以下、1岁到1.5岁、1.5岁到2岁、2岁到3岁，分成4个班级，"园长闻侠介绍，"除了喂养看护，服务中心还引导幼儿培养良好习惯、探索各种兴趣爱好。"

"目前，选择普惠托育的家长主要有几种情况，一是家长比较忙，普惠托育机构可以在一定程度上代替家长照顾宝宝；二是对婴幼儿的教育有比较高的要求，希望通过普惠托育机构来达到早教的目的。"淮北市卫健委二级调研员孙欣说。

据了解，2018年以来，淮北市积极推动3岁以下婴幼儿照护服务工作，通过多种形式开设普惠托育机构，包括在社区引进专业机构、在企业内开展托育服务、打造托育指导中心等措施。

同时，淮北市加大对普惠托育机构的引导和扶持力度，以昱德婴幼儿照护服务中心为例，该园自成立以来已累计享受各级扶持资金共140万元。除此之外，普惠托育机构用水、用电、用气按居民生活类价格执行。截至目前，全市共有托育机构53家，其中普惠托育机构51家，托位数2470个。

提及近年来普惠托育行业的发展，孙欣说："以前，托育更多是市场行为，定价较高，令很多人望而却步。这些年，普惠托育逐渐铺开，价格更实惠了，运营也更规范了。"

健全规章制度,推动行业走向标准化和规范化

"希望更多公立幼儿园能招收3岁以下幼儿""希望价格再亲民一些"……对于普惠托育,不少父母期待满满。

普惠托育需求日益受到重视。2021年,国家发改委、民政部、国家卫健委联合印发的《"十四五"积极应对人口老龄化工程和托育建设实施方案》提出,建设一批公办托育服务机构,支持承担指导功能的示范性、综合性托育服务中心项目建设。国家卫健委人口家庭司相关负责人介绍,2021年,国家深入推动普惠托育服务专项行动,支持建设了6.1万个普惠托位。教育部在中职、高职专科、高职本科增设婴幼儿托育专业,强化人才队伍建设。

各地完善服务体系,满足多元需求。2022年1月,北京市印发的《关于优化生育政策促进人口长期均衡发展的实施方案》提出,鼓励社会提供多样化的普惠托育服务。鼓励和支持有条件的幼儿园在满足3～6岁幼儿入园的基础上,开设托班招收2～3岁幼儿。加强社区托育服务设施建设,将托育服务设施纳入本市居住公共服务设施配置指标。支持有条件的用人单位、大型园区为员工提供托育服务。鼓励国有企业等主体积极参与普惠托育服务体系建设,研究利用存量的国有企业房屋土地和疏解腾退用地用于建设托育服务设施。

江苏省苏州市卫生健康委党组书记、主任盛乐介绍,苏州市支持社区开展普惠托育服务,把"最后一公里"打通;支持各单位提供普惠托育服务;支持幼儿园提供托育服务。同时,对已备案的社会办普惠托育机构给予每个托位1万元建设资金补助和每月300～800元的运营补助。近年来,苏州市普惠托育机构数量明显增加,截至2021年年底,全市有3.2万个托位,缓解了之前的供需矛盾。

"质量为先是托育服务体系建设的核心。"山东中医药大学第二附属医院主任医师孙伟建议,要加强托育服务全过程监管,明确主体责任,加强源头管理,完善机构设立许可制度;加强人才培养,完善正规教育体制;建立体系完备的财政激励机制,充分吸引社会资本进入托育行业。通过健全规章制度,推动托育服务走向标准化和规范化。

——《人民日报》,2022-07-06

学习主题三　早期教育的目标、内容和基本原则

> **学习初体验**
>
> 　　小明妈妈想为2岁的小明挑选一家早期教育机构，便到处参观、了解。有的早期教育机构声称主要是让孩子玩游戏，与同伴、老师互动。小明妈妈觉得只是玩游戏没什么意义。有的早期教育机构声称主要是上课，会教给孩子一些知识，培养孩子的能力，让孩子成为"小天才"。小明妈妈认为这样的早期教育机构很不错，当下就报名了。
> 你认为小明妈妈的选择正确吗？为什么？

▶▶ 一、早期教育的目标

　　1985年5月，《中共中央关于教育体制改革的决定》明确指出："在整个教育体制改革的过程中，必须牢牢记住改革的根本目的是提高民族素质，多出人才，出好人才。"素质教育是以全面提高国民思想品德、科学文化、身体心理、劳动技能四个方面素质，培训能力，发展个性为目的的基础教育。❶

　　随着年龄的增长，四种密切相关而又相互渗透的"素质形态"逐渐成形，我们把它们叫作胎儿的"潜在素质"、婴幼儿的"基本素质"、少年和青年前期的"自我发展素质"、青年至成年的"发挥素质"。前一种素质形态是后一种素质形态发展的基础，而后者是前者的延伸和继续。

　　人在胎儿和新生儿时期具备不同的"潜在素质"，也受制于胎儿的遗传基因、胎脑发育、躯体感官、情绪反应等。我们必须提倡婚龄夫妇和育龄夫妇优婚、优孕、优生、优育和胎教，保护胎儿和新生儿体内储存的人类巨大的潜能，并促其稳定地发展，提高其"潜在素质"。新生儿时期至6岁是发展婴幼儿的"基本素质"时期，也是教育家赞可夫提出的"一般发展"时期，包括身体发展和心理发展。

　　综上所述，早期教育的根本目的在于提高胎儿的"潜在素质"和婴幼儿的"基本素质"。

---

❶ 参见柳斌：《关于素质教育问题的思考》，载《人民教育》，1995（7-8）。

知识拓展

《三岁前小儿教养大纲（草案）》

国家对教育事业培养人的总体质量提出了要求，党的二十大报告指出："教育是国之大计、党之大计。培养什么人、怎样培养人、为谁培养人是教育的根本问题。育人的根本在于立德。"但教育对象的身心发展水平不同且各有特点，所以国家对各级各类教育提出了特殊的具体的要求，即各级各类教育的目标。早期教育的目标是教育总目的在早期教育这一阶段的具体化。

1981年6月，中国卫生部妇幼卫生局颁发的《三岁前小儿教养大纲（草案）》提出的教育目的在于从小培养婴幼儿，使其在体、智、德、美等方面得到全面发展，为造就体魄健壮、智力发达、品德优良的社会主义新一代打下良好的基础。

2021年1月，《托育机构保育指导大纲（试行）》（以下简称《指导大纲》）发布。《指导大纲》适用于经有关部门登记、卫生健康部门备案，为婴幼儿提供全日托、半日托等照护服务的托育机构。提供计时托、临时托等照护服务的托育机构也可参照执行。《指导大纲》分为总则、目标与要求、组织与实施三个部分。在第二部分目标与要求中，《指导大纲》从营养与喂养、睡眠、生活与卫生习惯、动作、语言、认知、情感与社会性七个方面，分别对照护7～12个月、13～24个月、25～36个月三个年龄段的婴幼儿，提出了目标、保育要点和指导建议，目标表述部分见表1-1。

表 1-1 《托育机构保育指导大纲（试行）》中的目标（部分）

保育重点	目标
营养与喂养	1. 获取安全、营养的食物，达到正常生长发育水平 2. 养成良好的饮食行为习惯
睡眠	1. 获得充足睡眠 2. 养成独自入睡和作息规律的良好睡眠习惯
生活与卫生习惯	1. 学习盥洗、如厕、穿脱衣服等生活技能 2. 逐步养成良好的生活卫生习惯
动作	1. 掌握基本的大运动技能 2. 达到良好的精细动作发育水平
语言	1. 对声音和语言感兴趣，学会正确发音 2. 学会倾听和理解语言，逐步掌握词汇和简单的句子 3. 学会运用语言进行交流，表达自己的需求 4. 愿意听故事、看图书，初步发展早期阅读的兴趣和习惯

续表

保育重点	目标
认知	1. 充分运用各种感官探索周围环境，有好奇心和探索欲 2. 逐步发展注意、观察、记忆、思维等认知能力 3. 学会想办法解决问题，有初步的想象力和创造力
情感与社会性	1. 有安全感，能够理解和表达情绪 2. 有初步的自我意识，逐步发展情绪和行为的自我控制 3. 与成人和同伴积极互动，发展初步的社会交往能力

同时，《指导纲要》明确指出托育机构保育工作应当遵循婴幼儿发展的年龄特点与个体差异，通过多种途径促进婴幼儿身体发育和心理发展。

综上所述，尽管当前早期教育没有权威的总体目标的表述，但可以看出0～3岁婴幼儿早期教育的目的是指向0～3岁婴幼儿身体和心理全面发展的，希望帮助婴幼儿拥有强健的体魄，良好的学习能力，积极的情绪和与外界沟通交往的能力，为幼儿一生的发展奠定良好的基础。

二、早期教育的内容

早期教育的内容就是要教给幼儿什么，要从哪些方面来促进幼儿的发展。一些家长把早期教育看作超前进行的学校教育，理解为认字、背诗、阅读、学特长等智力活动。实际上，早期教育包括的内容非常广泛，美国幼儿教育协会将之分为12项内容：

（1）大脑与五官刺激。
（2）身体素质与身体协调能力。
（3）情绪能力和心理健康。
（4）语言能力。
（5）良好个性与人格。
（6）良好生活习惯。
（7）社会性能力。
（8）求知欲开发与保护。
（9）知识积累与学习能力（读、写、算）。
（10）审美趣味与能力。
（11）特殊才能发现。

早期教育的内容

（12）特殊技能培养。❶

《英国早期儿童基础教育指南》(Development Matters in the Early Years Foundation Stage)定义了婴幼儿学习和发展的七大领域。

（1）交流与语言：倾听和注意，理解，讲话。
（2）身体发展：移动和操作，健康和自我照顾。
（3）个性、社会与情感的发展：建立人际关系，自信与自我意识，情绪与行为管理。
（4）读写能力：阅读，书写。
（5）数学：数字，形状、空间和度量。
（6）理解世界：人际与交流，世界，科技。
（7）艺术表达和设计：探索和利用媒介、材料，充满想象力。❷

在这七大领域中，基本领域包括交流与语言，身体发展，个性、社会与情感的发展。这三个基本领域主要在0～3岁的班级里实施。特定领域包括读写能力、数学、理解世界、艺术表达和设计，在3～5岁的班级里实施。

分析我国关于早期教育、托育的相关文件的内容，国家育婴员、保育师的考核内容与要求，0～3岁婴幼儿早期教育的内容主要包括语言教育、动作教育、认知教育、社会性教育、营养和喂养、卫生和保健。必须指出的是，尽管根据作用将早期教育划分为六个相对独立的方面，但是在具体实施的时候，并不意味着六个方面完全分割开来实施。事实上，这六个方面是相互联系、密不可分的，在具体实施的时候经常相互渗透、相互支持，这样才能真正达到0～3岁婴幼儿早期教育的预期目标。

（一）语言教育

语言教育主要是指以促进婴幼儿语言能力的提高为目的，在0～3岁婴幼儿的生活环境中，成人与婴幼儿进行的一系列语言交流活动或专门的语言训练等活动。具体包括提高婴幼儿倾听和辨析语音的能力、理解词义的能力、口头表达能力、欣赏和阅读的能力等，核心是培养倾听能力和口语能力。

对0～3岁婴幼儿进行语言教育，有助于充分利用人类语言关键期所带

---

❶ 关于美国幼儿教育协会对早期教育内容的分类，可参见袁萍、祝泽舟主编：《0～3岁婴幼儿语言发展与教育》，18页，上海，复旦大学出版社，2011。
❷ 关于《英国早期儿童基础教育指南》对婴幼儿学习和发展的七大领域的定义，可参见任建龙：《英国早期儿童基础教育指南（EYFS）概览——以2017年修订版为例》，载《早期教育（教育教学版）》，2018（5）。

来的学习效能放大的效应，为个体语言能力的发展奠定良好的基础。此外，遵循语言能力发展的规律，促进婴幼儿语言能力的发展，可以深化婴幼儿与成人的交往行为，从而有效促进其认知、情感与社会性等方面的发展。

（二）动作教育

动作教育主要是指针对0～3岁婴幼儿的身体运动技能进行的系统训练活动，具体包括大运动技能的训练和精细动作技能的训练等。其中，大运动技能的训练主要指头颈部、躯干和四肢等幅度较大的动作，如抬头、翻身、坐、爬、站、走、跳、独脚站立、上下楼梯、四肢活动和姿势反应、躯干平衡等运动能力的训练。精细动作技能的训练主要指手指的动作，以及随之而来的手眼配合能力，如抓握、摇动、摆弄、拇指与食指对捏、握笔、搭积木、穿扣眼、模仿画线、折纸、使用筷子等技能的训练。

动作教育不仅有助于增强0～3岁婴幼儿的体质、保证0～3岁婴幼儿身体的正常发育，而且能够促进其脑部神经组织的发展，是大脑成熟的"催化剂"。更重要的是，对于0～3岁婴幼儿来说，动作技能也是智能的重要内容和主要外在表现形式。动作技能的发展又能够增强0～3岁婴幼儿对周围环境进行探索的能力，并有效扩大其探索范围，使其得到更多认知和交往的机会。因而，对0～3岁婴幼儿进行动作教育，也能够有效促进其认知能力和社会性的发展。

（三）认知教育

认知教育主要是指对0～3岁婴幼儿的认知能力进行训练，以及在此过程中帮助0～3岁婴幼儿积累一定的知识经验。认知能力训练方面主要包括感知、记忆、注意、思维和想象等。必须注意的是，由于0～3岁婴幼儿的典型思维方式是直觉行动思维，其思维过程以动作为核心，尤其在语言能力形成之前，个体的认知能力主要是通过动作来表现的，因而认知教育与动作教育是分不开的。此外，0～3岁婴幼儿的认知教育还应当以感官教育为基础，注重积累具体直观的认知经验，从而为未来的抽象的认知经验的获得奠定坚实的基础。

（四）社会性教育

社会性是指个体在其生物特性的基础上，与社会生活环境相互作用，逐渐掌握社会规范，形成社会技能，学习社会角色，获得社会性需要、态度、价值，发展社会行为，并以独特的个性与人相互交往、相互影响，适应社会环境。由自然人发展为社会人的社会化过程中所形成的心理特征。一般认为，社会性主要包括社会认知、社会情感、社会行为技能、社会适

应、道德品质和自我意识。由于社会性主要涉及个体在与他人交往时表现出来的心理特征，因而0～3岁婴幼儿的社会性教育必须通过与其交往和引导其与他人交往来开展。

（五）营养和喂养

营养和喂养主要是指日常生活护理中涉及日常饮食方面的工作，包括0～3岁婴幼儿食谱编制、膳食制作方法、科学营养理念和喂养方法等内容。这部分内容是0～3岁婴幼儿的主要看护人必须掌握的，其教育对象必须涵盖0～3岁婴幼儿的家长、早期教育机构的专职育婴人员、负责照料0～3岁婴幼儿的保姆以及其他主要看护人。

（六）卫生和保健

卫生和保健主要是指日常生活护理中涉及常见病防治和护理方面的工作，主要包括新生儿护理、计划免疫、生长发育监测、常见疾病的预防和护理，以及婴幼儿饮食、衣着、活动、抚触、沐浴等其他日常生活的保健、护理等。这部分内容也是0～3岁婴幼儿的家长、早期教育机构的专职育婴人员、负责照料0～3岁婴幼儿的保姆以及其他主要看护人必须掌握的。

▶▶ 三、早期教育的基本原则

通过分析南京、上海、青岛等地有关0～3岁婴幼儿教养方案中的教养理念，我们总结出以下六条基本原则。

（一）关爱儿童，满足需求

重视婴幼儿的情感关怀，强调以亲为先，以情为主，满足婴幼儿成长的需求。创设良好环境，在宽松的氛围中，让婴幼儿开心、开口、开窍。尊重婴幼儿的意愿，使他们积极主动、健康愉快地发展。

（二）以养为主，教养融合

强调婴幼儿的身心健康是发展的基础。在开展保教工作时，应把婴幼儿的健康、安全及养育工作放在首位。坚持保育与教育紧密结合的原则，保中有教，教中重保，自然渗透，教养合一，促进婴幼儿生理与心理的和谐发展。

（三）把握规律，顺应发展

强调全面关心、关注、关怀婴幼儿的成长过程。在教养实践中，要把握成熟阶段和发展过程；关注多元智能和发展差异；关注经验获得的机会和发展潜能。学会尊重婴幼儿身心发展规律，顺应婴幼儿的天性，让他们在丰富、适宜的环境中自然发展，和谐发展，充实发展。

(四)尊重差异,开启潜能

重视婴幼儿在发育与健康、感知与运动、认知与语言、情感与社会性等方面的发展差异,提倡实施个别化的教育,使保教工作以自然差异为基础。同时,要充分认识到许多良好的品质和智慧的获得均在生命的早期,必须密切关注,把握机会。要提供适宜刺激,诱发多种经验,充分利用日常生活与游戏中的学习情景,开启潜能,推进发展。

(五)开展游戏,融入生活

注重生活和游戏对婴幼儿发展的独特价值。充分利用日常生活和游戏中的学习情景,引发婴幼儿对周围环境、游戏活动的兴趣,培养婴幼儿与亲人的依恋关系、良好的习惯以及与人交往的恰当态度,使婴幼儿开心游戏,快乐生活。

(六)有效回应,培养习惯

重视婴幼儿在发育与健康、感知与运动、认知与语言、情感与社会性等方面的发展节律,敏感且有效回应,适时干预并积极支持。提供各种适宜的环境资源、人力资源,利用日常生活与游戏活动中的学习情景,培养婴幼儿的良好习惯。

专题一 云测试

专题二 早期教育的理论基础

学习目标

1. 了解先天说、自然成熟说和成熟势力说的基本观点。
2. 了解发生认识论、精神分析理论、行为主义、维果茨基的心理发展观和加德纳的多元智能理论的主要观点。
3. 学会使用发生认识论、精神分析理论、行为主义、维果茨基的心理发展观和加德纳的多元智能理论解释早期教育行为或现象。
4. 了解卢梭、裴斯泰洛齐、福禄培尔、蒙台梭利、陶行知和陈鹤琴等教育家的主要教育理论。
5. 能够运用卢梭、裴斯泰洛齐、福禄培尔、蒙台梭利、陶行知和陈鹤琴等教育家的主要观点解释或分析具体的早期教育问题或现象等。

思维导图

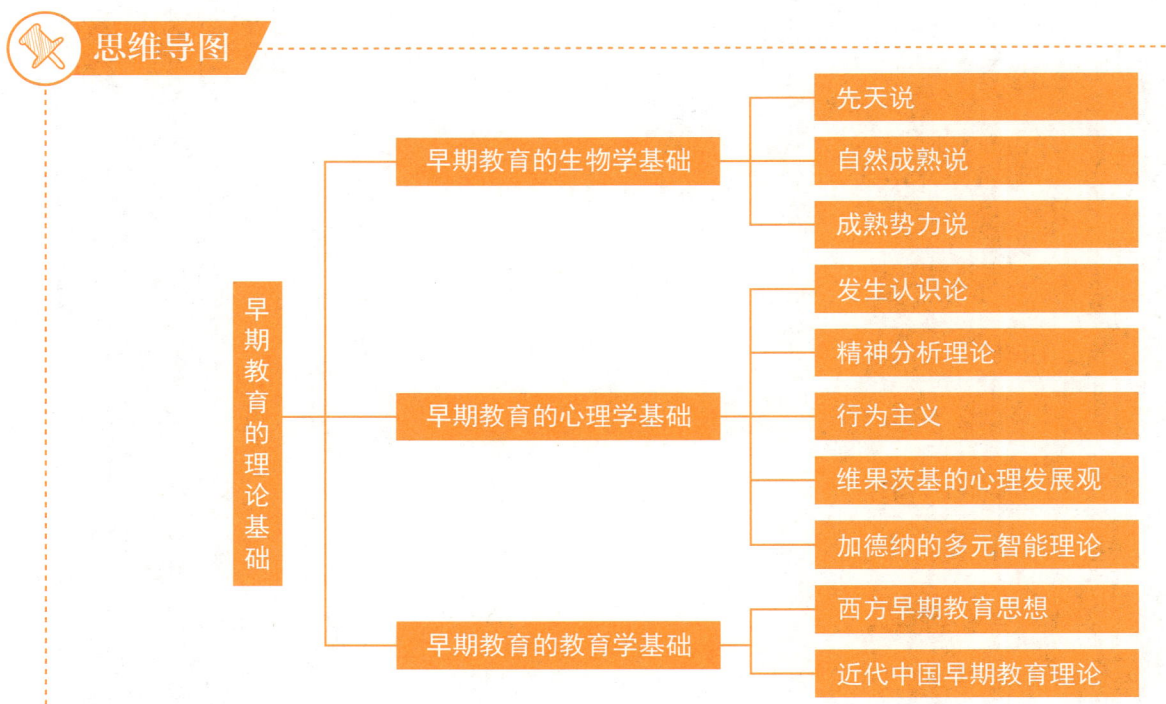

专题二·早期教育的理论基础   2-25

> **互动交流**
>
> 当前各种各样的早期教育方法和早期教育机构对家长进行的是早期教育指导还是误导？在儿童发展与儿童教育研究中，哪些研究者对幼儿的发展给出了解释？他们都是怎样解释的？这些研究者提出的理论对今天我们开展科学的早期教育具有怎样的指导意义？
>
> _____
> _____
> _____
> _____

学习主题一　早期教育的生物学基础

> **学习初体验**
>
> 几年前，婴儿学步车热销。某些家长认为，把六七个月的婴幼儿放在学步车里，既可以省去照看婴幼儿的时间，又能提前训练婴幼儿走路的能力。但是，近来，越来越多的研究证实，学步车使用不当会影响婴幼儿的早期发展。有研究者认为，婴幼儿能力的获得是在生理成熟的基础上完成的，未达到生理成熟之前的过早训练，将影响其整体的发展。婴幼儿大腿骨骼和肌肉的发育尚未成熟，过早地训练他们走路，剥夺其爬行训练，可能引发感觉统合失调。
>
> 对此，你有何想法？
>
> _____
> _____
> _____

有研究者认为，生物遗传是教育的基础，遗传决定了个体的发展方向和发展程度，任何形式的后天教育都无法超越遗传带给人的影响。换句话说，遗传在人的发展过程中具有决定性作用。因此，早期教育对个体发展而言，就是让个体的生物遗传充分彰显出其优势，除此之外，没有其他的作用。❶

早期教育的生物学基础

▶▶ 一、先天说

早期发展的先天说也被称为遗传决定论，是 19 世纪末期至 20 世纪初期西方用以解释儿童发展的主流观点之一。先天说强调生物遗传在儿童发展中的重

---

❶ 参见车文博主编：《心理咨询大百科全书》，623 页，杭州，浙江科学技术出版社，2001。

要作用，认为个体早期发展由先天因素，即不变的遗传因素决定，个体早期发展过程就是遗传因素的自我发展和自我暴露的过程，同时否定个体早期发展与外界影响和教育等无关或关系甚小。

先天说最具代表性的研究者是英国的心理学家高尔顿。1869年，高尔顿发表了能够代表其观点的著作《遗传的天才》。他认为一个人的能力是由遗传得来的，其受遗传决定的程度，如同一切有机体的形态及躯体组织之受遗传的决定一样。奥地利心理学家彪勒也有类似的主张。他认为个体早期发展的过程是儿童的内部素质依照自身的目的有节奏的运动过程，外界环境当然也在个体发展过程中起到一定的作用，但这种外部的影响仅限于促进和延缓这一过程的作用，从根本上讲，外部的作用是不能改变这一过程本身的。就目前的研究而言，单纯主张先天论的人相当少，但这种思想仍然存在。美国心理学家D.W.詹森于1969年"提出一个人的智商有80%是来自遗传的。英国心理学家H.J.艾森克认为60%～70%的天才是由遗传决定的，30%由环境决定"[1]。

▶▶ 二、自然成熟说

自然成熟说是解释儿童言语能力获得的一种理论，强调语言获得是个体先天获得的一种能力。该理论具有代表性的研究者是勒纳伯格，他以生物学和神经生物学为理论基础，强调语言的获得是一个先天禀赋的显现过程，而非环境和学习的结果。乔姆斯基也以类似的观点解释个体语言的获得。乔姆斯基认为，人类天生就被赋予一种特有的被称为"语言习得装置"（LAD）的语言官能以及一套为全人类所具有的被称为"普遍语法"的语言知识。这套装置会在个体成长过程中不断发展，达到某个成熟水平后便开始运作，表现为人类个体能够开始使用本民族的语言。

▶▶ 三、成熟势力说

格塞尔是美国心理学家和儿童医生。格塞尔用著名的"双生子爬楼梯实验"证明儿童的学习取决于生理的成熟。该学说认为个体的发展取决于成熟的水平，儿童在到达某种成熟水平之前处于学习的准备状态。个体早期能够通过自我调节获得驾驭某些活动的周期，如吃和睡等活动。格塞尔认为支配儿童发展的因素是个体的成熟水平和学习，主要强调生理因素在个体早期发展过程中的作用。他认为外部环境只能为个体的正常发展提供必要的条件，不能改变发展本身所表现出的自然成熟程序。

---

[1] 车文博主编：《心理咨询大百科全书》，623页，杭州，浙江科学技术出版社，2001。

格塞尔的理论帮助研究和从事早期教育的人们理解树立立足于儿童长远发展的观点的重要意义，重视生物体成熟的速率和程度，了解个体早期发展的特点。操之过急的教育和训练未必能取得良好的教育效果，操作不当甚至可能带来不良的终身影响。

学习主题二　早期教育的心理学基础

学习初体验

几年前一个偶然的机会我认识了一位幼儿的家长，这位年轻的父亲在得知我从事儿童教育研究的时候迫切地问我："您说应该教现在的孩子什么呢？我的孩子今年3岁了，我实在不知道该教他什么。真是苦恼。"随着儿童学的日渐推广，越来越多的父母意识到了儿童期的特殊性与特殊价值，如何科学地开展幼儿教育成了父母越来越关心的话题。

对此，你有何想法？

_____

_____

_____

相关链接 ▶▶▶▶▶

帕帕拉等人的《孩子的世界：0～3岁》是一本介绍新生命诞生和发展历程的书，从心理学、医学、教育学等角度为你揭开儿童发展的神秘面纱，带你走进一个奇妙的世界，让你见证孩子发展的每一个里程碑，学会用新的眼光来看待每一个孩子。该书集知识性和趣味性于一体，一起读一读吧！

个体的发展过程是指生命过程中生理、心理和社会适应层面的一系列变化的过程。几个世纪以来，心理学家对个体的发展进行了锲而不舍的研究并取得了巨大的成就。各种理论流派基于自己的研究视角提出了关于个体发展的理论假说，揭开了人类认识自身、发展自身的新篇章。

早期教育的心理学基础

▶▶ 一、发生认识论

发生认识论的开创者是瑞士心理学家皮亚杰。皮亚杰认为，个体早期认知发生和发展的过程就是一个个体与环境不断相互作用的建构过程，在这一过程中，个体内部的心理结构不断发生变化。因此，皮亚杰的发生认识论也被称为建构主义理论。

皮亚杰认为，影响个体认知发展的因素一共有四种：成熟、物理环境、社会环境和平衡。皮亚杰创设了四个概念试图解释个体内部心理结构发生变化的过程。这四个概念是图式、同化、顺应和平衡。图式其实就是个体为了应付某一特定情境而产生的认知结构。同化是指有机体把环境成分整合到自己原有机构当中的过程，即个体把新刺激物纳入自身已有的图式的心理过程。因此，在皮亚杰看来，同化存在于当人试图把新信息或新经历吸收到自己原有的认知结构中时。例如，儿童在参观动物园鸟类馆的时候看到了一种从未见过的鸟（新刺激物）。尽管从未见过这种鸟，但是儿童能把观察到的新刺激物的特点同化到已有的认知结构中，即儿童知道有羽毛、翅膀并能飞的动物是鸟。所以，儿童确定这个新刺激物就是鸟。这个认知过程就是同化的过程。顺应是指有机体不能利用原有图式接受和解释新的刺激物或者刺激情境时，有机体不得不对自身已有的认知结构进行调整以适应新的刺激物或情境的过程。也就是说，顺应存在于人们需要修改或扩大他原有的认知结构（图式）来纳入新刺激物或新刺激情境时。例如，儿童在动物园看到一只考拉。按照已有的图式，儿童认为这是一只熊，因为考拉跟熊长得很像，有熊一样的耳朵和毛。当成人告诉他，这种动物有个名字叫作"树袋熊"的时候，儿童更加坚信这就是"熊"。但是，儿童发现以前见过的熊都在地上活动，没有生活在树上的。此时，儿童否定了考拉是"熊"的想法。儿童又想到了猴子，理由是猴子是生活在树上的。但是很快儿童又否定了自己的想法，因为猴子在树上跳来跳去，非常灵活，这跟考拉在树上的表现又不相同。最终，在成人的帮助下，儿童不得不完善自己对熊的已有认识——有一种熊是待在树上并很少活动的，它们是熊家族中的一员。此时，顺应发生了。无论是同化还是顺应，其结果都是平衡。图式（认知结构）的变化就是通过同化、顺应和平衡三个过程实现的。

皮亚杰将个体认知发展过程分为四个阶段，并明确指出了每个阶段个体认知发展呈现出的鲜明特征，该理论为当今世界教育的发展提供了重要的理论依据。

第一阶段，感知运动阶段（0～2岁）。这一阶段个体的认知发展主要是感觉和动作的分化。婴儿刚出生的时候只有一些基本的反射活动，在发展的过程中渐渐获得组织自己的感觉和动作以应付环境中新刺激的能力。在动作发展的过程中，个体早期的思维萌芽开始出现。但此时个体的思维活动受动作的影响甚大，与动作有着极为密切的联系。这一阶段的重要特征是获得客体永久性，一般是在9～12个月的时候出现。

第二阶段，前运算阶段（2～7岁）。该阶段分为象征思维阶段（2～4岁）和直觉的半逻辑思维阶段（4～7岁）。皮亚杰认为，2～4岁儿童的思维呈现出如下特征：儿童开始使用象征性符号（如语言）进行思维，出现表征的功能；儿童思维中物体的个别性特征日渐减少，但尚未完全形成一般化的特征；自我中心。皮亚杰用著名的"三山实验"证实了儿童的自我中心。此时，儿童在同一时间内只能考虑到事物的一种特征，不能依据事物的客观联系和关系来解决问题，而只能凭借自己的个别经验和个体意义进行思考。4~7岁儿童思维的主要特点：儿童开始从"前概念思维阶段"向"运算思维阶段"过渡，但尚未出现思维的守恒性和可逆性，认识在很大程度上仍然深受感知形象的影响。总体说来，该阶段儿童思维仍然具有具体性、不可逆性、自我中心性、刻板性和片面性等鲜明特征。

第三阶段，具体运算阶段（7~11岁）。这一阶段儿童的认知已经具有了抽象的概念，思维出现了可逆性。这一阶段儿童的思维仍需要具体事物的支持。

第四阶段，形式运算阶段（11~15岁）。这一阶段儿童的思维已经超越了对具体的、可感知的事物的依赖，能够脱离具体事物进行抽象逻辑思维。

▶▶ 二、精神分析理论 ▷▷▷▷▷

精神分析学派的代表人物是奥地利心理学家弗洛伊德和美国心理学家埃里克森。精神分析学派强调对无意识的研究，开创了心理学研究的新领域。

弗洛伊德非常关注儿童人格的发展。他对人格进行了全面而深刻的研究，强调人的生物本能是由性本能决定的。弗洛伊德认为，个体早期的经历尤其是早期的创伤对个体人格的形成具有重要影响。个体早期与照料人之间的关系，照料人对儿童的教养方式和态度等对儿童人格的形成都具有重要的意义。弗洛伊德的理论曾推动心理学和家庭教育重视并积极开展儿童早期教育。弗洛伊德以性的发展作为依据把儿童的心理发展划分为以下五个阶段。

第一个阶段，口唇期（0~1岁）。口唇期的个体以吸吮动作作为快感的来源，口唇区域是产生快感的集中区域。婴儿时期的个体经常需要吸吮，即使并不饥饿，也会出现吸吮的现象。如果在此阶段，个体没有充分地满足自身的吸吮要求，则容易形成人格缺陷。

第二个阶段，肛门期（1~3岁）。1岁以后，个体能够在排泄的过程中产生愉快的体验。这使得个体进一步关注自己的身体，并把关注的重点放在排泄器官上。此时，个体尚处于从不能控制排泄到能够控制排泄的过程中。如果对个体控制排泄要求过高，则容易使个体出现童年创伤，影响其人格的形成。

第三个阶段，性器期（3～6岁）。此时个体对自身的关注点转移到性器官上，开始关注到自己的性别，并且对生殖器的关注多于其他身体器官。此时，个体对性的满足主要来源于对异性父母的依恋，即男孩对母亲的依恋（恋母情结）和女孩对父亲的依恋（恋父情结）。

第四个阶段，潜伏期（6～11岁）。进入潜伏期的个体的性的发展呈现出停滞或者退化的状态。此时，个体表现为比较乖巧，能够把精力放在游戏、学习和生活上，并能够和睦地与照料人相处。此时也被认为是积蓄能量的时期。

第五个阶段，青春期（12岁开始）。在青春期，性的能力涌现，个体容易产生性的冲动，性倾向表现为开始关注异性，并渴望两性关系的建立。青春期的个体渴望摆脱父母，容易与照料人发生冲突；需要通过运动消耗体力，以达到排解性压力和宣泄内心消极情绪的目的。

弗洛伊德认为，以上某个阶段如果没有把握和处理好性的发展，造成性压抑，可能导致个体早期的创伤进而影响个体人格的形成。弗洛伊德在讨论人格的时候使用了本我、自我和超我三个概念来解释人格的结构。其中，本我是人格当中原始的部分，是生物性的体现，遵循快乐的原则。自我是出生后在环境的作用下形成的，是人格的心理成分的体现，遵循现实的原则。超我是个体在逐渐长大的过程中，特别是在成人的教育下将所处的社会环境的道德内化为自身的行为准则而形成的人格成分。超我包括自我理想和良心两个部分，体现的是人格的社会成分，遵循的是至善至美的原则。这三部分分别代表三种不同的人格成分：本我单纯地追求快乐，自我强调面对现实，超我追求完美。因此，人格的这三个成分之间会出现无法避免的冲突，表现为个体内部的冲突和矛盾。

埃里克森继承和发展了传统的精神分析理论。他认为个体人格的发展是一个持续不断、逐渐形成的过程。埃里克森将个体一生的发展划分为八个相互联系的阶段，这也是心理学界首次将个体的一生作为研究对象，开创了心理学研究"从出生到死亡"的新局面。第一阶段，信任对不信任（出生到12～18个月）；第二阶段，自主对羞愧、怀疑（1～3岁）；第三阶段，主动对内疚（3～6岁）；第四阶段，勤勉对自卑（6～12岁）；第五阶段，同一性对角色混淆（12～19岁）；第六阶段，亲密对孤立（19～25岁）；第七阶段，亲代性对停滞（25～50岁）；第八阶段，自我统合对绝望（50岁以后）。[1]

埃里克森认为，这八个阶段是人格形成所必须经历的阶段，其顺序是不能

---

[1] 参见连榕编著：《教师职业生涯发展》，39页，北京，中国轻工业出版社，2008。

改变的也是不能逾越的。个体处于每个阶段时都需要面对生物学的成熟与社会文化环境、社会对个体的期望之间的矛盾，即每个阶段都有一个不同于其他阶段的发展危机。发展危机得到积极解决则有利于积极人格的形成，否则，会导致人格的不健全。埃里克森在他的理论中指明了每个阶段的发展任务和解决危机的方法，对于儿童的照料者来说更容易把握不同阶段儿童的教养任务，采取适当的教养方式，帮助儿童形成健全的人格。

▶▶ 三、行为主义

行为主义心理学是有美国心理学家华生在苏联心理学家巴甫洛夫条件反射学说的基础上创立的心理学流派。华生强调心理学不应该只关注意识和认知等隐藏比较深的事物，而是应该把行为这种可以观察到的事物作为研究对象。华生的行为主义心理学把心理学研究带进了科学的领域，并表现出了自然科学的特性，对心理学界的研究具有重要的意义。行为主义心理学大体上分为前期、后期和近期三个发展阶段。

1913—1930年是前期行为主义时期——经典行为主义，主要代表人物是华生。华生主张环境决定论，强调个体行为的获得（学习）是刺激与反应之间的联结（S-R）。华生非常重视个体早期行为习惯对人格形式的影响，强调环境对儿童行为习惯形成的决定性作用。华生是认为教育是万能的，人可以通过改变环境对行为进行控制。

1930年，行为主义心理学进入了一个新的阶段，心理学史称之为新行为主义或操作行为主义。该阶段的理论主张是强化作用是行为获得的基础，主要代表人物是美国心理学家斯金纳。斯金纳利用他发明的密笼进行了实验。斯金纳把实验室里饥饿的小白鼠装进一个设有特殊装置的笼子里。起初，小白鼠会在里面乱跑乱碰，自由探索，偶然一次压杠杆就得到食物，此后小白鼠压杠杆的频率越来越高，即学会了通过压杠杆来得到食物的方法。斯金纳将小白鼠这种行为获得的过程命名为操作性条件反射（或工具性条件反射），即食物就是强化物，运用强化物增加某种行为出现的次数的过程就是强化的过程。斯金纳认为，行为得到及时强化就会增加，不强化就会消退。所以，在个体早期行为学习过程中，及时强化很重要。对于儿童的不良行为，则可以不给予理睬和回应，采取"冷处理"的方式，即不给予强化。

随着行为主义的进一步发展，美国心理学家班杜拉在原有行为主义心理学研究的基础上提出了社会学习理论。社会学习理论的核心是观察学习。社会学习理论认为个体行为获得是在社会环境中通过观察其他个体的行为及其相应的

结果而形成新行为的过程，即儿童通过观察他人的行为而学习、获得新行为。因此，班杜拉非常重视环境对人的影响，同时，强调人的认知因素在新行为获得过程中的作用。班杜拉认为环境和人的认知因素是相互影响和相互作用的。正是由于有认知的参与，所以观察学习不同于模仿。班杜拉的理论对于实践中培养儿童良好的行为习惯具有一定的现实意义。

行为主义是世界心理学发展史上一个影响深远的流派。行为主义的研究成果极大地推动了世界心理学的发展进程，对于早期教育过程中婴幼儿行为习惯的养成同样具有重要的意义。行为主义者反对在早期教育的过程中对儿童进行体罚，倡导教育应该从小关注个体行为习惯的形成；重视家庭教育对身心发展的影响和人格的形成。当然，行为主义也存在夸大环境和教育的作用的问题，具有一定的局限性。

▶▶ 四、维果茨基的心理发展观

维果茨基出身于莫斯科的一个职员家庭，童年时酷爱文学、戏剧和艺术。1917年，他毕业于莫斯科大学法律系和沙尼亚夫斯基大学历史-哲学系。他对心理学有浓厚的兴趣，曾在莫斯科实验心理学研究所和一些城市的高等学校进行心理学研究和教学工作。维果茨基认为，心理发展的实质就是个体的心理在环境与教育的影响下，有低级心理机能的基础上逐渐向高级心理机能转化的过程。这一理论被称为社会文化历史心理发展理论。

维果茨基认为，人类的心理机能分为两类：低级心理机能和高级心理机能。其中，低级心理机能是指感知觉、不随意注意、形象记忆、情绪、直观的动作思维等消极适应的自然心理形式；高级心理机能是指有目的的知觉过程，如观察活动、随意注意、逻辑记忆、抽象思维、复杂的高级情感等。这种心理机能是随意的、主动的，由知觉的主体按照预定的目的进行自我控制。在此基础上，所谓个体的发展其实就是个体心理的发展，而心理的发展表现为各种心理机能由低级向高级上升的过程。维果茨基指出，低级心理机能和高级心理机能遵循两条完全不同的发展路线，前者是种系发展的产物，后者是社会、历史和文化发展的产物。但是，在个体发展过程中，这两种心理机能不是一个发展完全之后再发展另一个的，而是相互交织、相互融合。维果茨基强调，儿童一出生就成了某种特定文化中的一员，而文化在本质上就是人类社会生产和社会生活的产物。一切所谓文化的产物其实质都是社会的产物。

对于教育和发展之间的关系，维果茨基认为，教育可以理解为人为的发展。为了正确解释发展与教育之间的关系，维果茨基提出了一个全新的概念——"最近发展区"。为了解释"最近发展区",维果茨基又进一步提出了两个发展水平:现有的发展水平和即将达到的发展水平。现有的发展水平是指儿童已经形成的心理机能的发展结果,即当前心理发展的真实水平,是结果性的水平。即将达到的发展水平是指儿童能够在社会环境中,在他人(成人或年长的儿童)的帮助下所达到的新的水平。现有的发展水平和即将达到的发展水平之间的这段距离即"最近发展区"。儿童的心理发展是一个动态的过程,因此,儿童的"最近发展区"也是动态的。"最近发展区"受儿童已经形成的心理机能影响,同时也受环境的影响。教育只有发生在儿童的"最近发展区"内才能有效促进发展。低于儿童现有的发展水平,其实是在已经形成的发展水平上进行无意义重复;超过"最近发展区",即使有他人的帮助,儿童依然不能达到某一发展水平。

▶▶ 五、加德纳的多元智能理论

加德纳是美国教育学及心理学家,提出了著名的多元智能理论。加德纳在研究脑部创伤的病人时发现,一些脑部遭受创伤的病人在学习能力上存在明显的差异。有的人失去了语言能力,但是手部的精细动作能力依然能够达到受伤前的水平。有的人四肢完好,却不能走路,语言能力则没有受到任何影响。加德纳通过进一步研究提出了多元智能理论,即人的智力是由多个方面构成的。在代表作《智能的结构》一书中,他对自己的观点进行了集中阐述。加德纳认为,智力是在某一特定文化情境或社群中所展现出来的解决问题或制作生产的能力。

加德纳在研究的基础上提出,人类至少有八种智能。

第一种,语言智能。语言智能主要指个体运用口头语言和书面语言进行交流和表达的能力,一般表现为听、说、读、写的能力。语言智能比较好的个体往往更适合从事主持人、律师、教师、作家等工作。

第二种,逻辑-数学智能。逻辑-数学智能比较好的个体对数字特别敏感,善于运用数学和推理的方式解决问题,喜欢提出问题并勇于尝试解决问题的方式,积极验证自己的假设,喜欢在实践中寻找事物的规律,即逻辑顺序。因此,逻辑-数学智能占优势的个体更适合从事数学研究、工程师等工作。

第三种,空间智能。空间智能较强的个体对色彩、线条、形状、空间以及它们之间的关系的敏感程度较高,感受、辨别、记忆和改变物体的空间位置并以此表达自身想法或情感的能力较强,能准确地感觉视觉空间,并较少用平面图形和立体图形表达自己的想法。具有空间智能优势的个体更加适合从事绘画、设计等工作。

第四种，肢体-动觉智能。肢体-动觉智能较强的个体往往具有更强的调节身体运动的能力，具有较强的大动作和手部精细动作的能力。他们能够较好地控制自己的身体，能对事物做出恰当的身体反应以及利用身体语言表达自己的想法。具有这类智能优势的个体更适合从事运动员、舞蹈演员、外科医生等工作。

第五种，音乐智能。音乐智能主要是指个体对音调、训率、节奏、节拍和音色等声音元素的敏感程度高，并善于通过控制音色、音调和节奏等方式表达自身的感受。具有这种智能优势的个体适合从事歌唱家、作曲家、指挥家和钢琴调音师等工作。

第六种，人际智能。人际智能指向个体能够有效理解他人及个体间关系的能力，包括协调多人之间关系的能力，仲裁和解决人际纠纷的能力，分析他人的情感动向和内心世界的能力，与他人建立亲密关系的能力，团队合作的能力等。具有这种智能优势的个体更加适合从事心理咨询师、仲裁和团队的领导人等工作。

第七种，内省智能。内省智能主要指个体认识自我、反思自我的能力。具有这一智能优势的个体更具有把握自身的情绪、气质类型、认知方式等方面的特点，喜欢独立工作，对自我的实践和空间要求比较高，能够独善其身。一般优秀的政治家、哲学家、心理学家、专家型教师都具有这一智能优势。

第八种，自然观察智能。具有自然观察智能优势的个体更具备与自然环境互动的能力，认识植物、动物以及适应自然环境的能力比较强。自然观察智能强的个体，在打猎、耕作、生物科学上的表现较为突出。

后续研究的过程中，加德纳等学者又提出了另外三种智能作为补充。这些智能在不同的个体身上表现为不同的能力。

在个体早期教育过程中，多元智能理论具有重要的意义。每个儿童都具有其独特的心理结构和智能优势。早期教育过程中，教育者针对不同教育对象应采用不同的方式和手段，并关注儿童的不同兴趣和需要，为儿童每种智能的发展提供时间和空间。

学习主题三 早期教育的教育学基础

学习初体验

几年前，我在一所幼儿园进行儿童行为观察的时候，发现一名幼儿经常用肢体语言与人交流。小伙伴都认为他很像"大人"，拒绝与他玩耍。一段时间的跟踪调查后，我发现，这名幼儿出生后六个月父母便离开了他。他由祖辈教养者照料。祖辈教养者对幼儿的照顾仅限于吃饱穿暖，缺乏必要的交流。这导致该幼儿在语言发展的关键期缺乏适宜的语言环境。

对此，你有何想法？

随着早期教育被广泛关注，越来越多的人开始思考如何有效开展早期教育。从卢梭开始，对个体早期的研究和对个体早期实施有效的环境影响就成为重要的研究课题。古今中外的教育家都对早期教育提出了各具特色的观点。

早期教育的教育学基础

▶▶ 一、西方早期教育思想

（一）卢梭的教育思想

让-雅克·卢梭，法国18世纪伟大的启蒙思想家、教育学家，生于瑞士日内瓦钟表匠家庭。他的母亲来自书香门第，多才多艺。但是，卢梭出生后不久，他的母亲便离开了人世。10岁时，他的父亲遗弃了他。1728年，在做了四年钟表匠学徒之后，卢梭只身离开日内瓦。他长年靠做临时工维持生计，漂泊四方。卢梭一生写下了大量著作，涉及政治、法律、经济、文学和教育等领域。这些著作虽然内容不同，但相互之间联系密切，构成一个完整的思想体系。其共同点是抨击法国封建社会的不平等现象，并寻求克服不平等的方法和途径。其中，政治领域代表作《论人类不平等的起源和基础》《社会契约论》和教育领域代表作《爱弥儿》对后世的影响最大。卢梭的教育思想主要体现在《爱弥儿》一书中。该书分析了人的发展和外部环境的关系，论述了儿童生理心理发展的自然进程，倡导了自然主义和儿童本位的教育观，为教育科学的建立开辟了道路。

1.《爱弥儿》中关于自然主义教育理论的论述

自然主义教育的核心是"回归自然"。一方面，卢梭认为善良的人性存在于纯洁的自然状态之中；另一方面，卢梭从儿童所受的多方面的影响来论证教育必须"回归自然"。他说每个人都是由自然的教育、事物的教育、人为的教育三者培养起来的。只有三种教育圆满地结合才能达到预期的目的。卢梭把"回归自然"的教育的实施途径称作"消极教育"（否定教育）。他要求教育遵循儿童的自然天性，也就是要求儿童在自身的教育和成长中取得主动地位，教师只需创造学习的环境、防范不良的影响。教师在儿童成长过程中的作用不是积极的，而是消极的。因此，在《爱弥儿》一书中，在主人公爱弥儿童年时期，为了给爱弥儿提供较好的"自然教育"环境，卢梭将爱弥儿带到了农村进行养育，并且没有请教师对爱弥儿进行教育。他认为这样的环境更加接近自然，有利于爱弥儿的成长。

2.《爱弥儿》中关于自然主义教育目标的论述

卢梭在《爱弥儿》中表示，自然教育的最终目标是培养"自然人"。按照他的论述，自然人有以下主要特征。

第一，自然人是能独立自主的人，能独自体现出自己的价值。而公民的一切仰赖于专制社会，失去了自身的独特价值。第二，在自然的秩序中，所有的人都是平等的。而公民在社会中是有等级的。第三，自然人是自由的人，是无所不宜、无所不能的。而公民在社会中常常是某种专业化的职业人，被囿于自身职业而失去自由。第四，自然人是自食其力的人。自食其力便可无须仰赖他人为生，这是独立自由的可靠保证。

总之，自然人相对于专制国家的人来说是独立自主、平等自由、道德高尚、能力和智力极高的人。

3.《爱弥儿》中关于自然主义教育方法和原则的论述

第一，抨击向儿童强迫灌输旧的道德和知识、摧残儿童天性的做法。卢梭在《爱弥儿》一书中提出，在万物的秩序中，人类有他的地位；在人生的秩序中，儿童有他的地位；应当把成人看作成人，把孩子看作孩子。

第二，反对过早对儿童进行理性的（知识的）教育，反对把成人的东西灌输给儿童。卢梭认为，过早用理性教育儿童是不自然和虚假的。对儿童的教育应该是遵循自然天性的"教育"。

第三，主张对儿童进行"消极教育"，即不干预、不灌输、不压制，让儿童遵循自然率性发展。教师在教育中的中心位置应让位于儿童的自主发展。

第四，注意到儿童天性的个体差异，要求因材施教。卢梭指出，每一个人的心灵都有其独特的形式，必须按其形式去指导它。他要求教师必须在了解自己的学生后才能对学生说第一句话。卢梭从遵循自然的原则出发把儿童和教育相对划分为四个阶段：0～2岁，婴儿期，以身体的养护为主；2～12岁，儿童期，以体育锻炼和感官训练为主；12～15岁，青年期，以知识教育和劳动教育为主；15～20岁，青春期，以道德教育和宗教教育为主。

（二）裴斯泰洛齐的教育思想

裴斯泰洛齐是瑞士教育家。1746年，他出生在瑞士苏黎世一个医生家庭，5岁时父亲病故。"消除苦难的根源"是他一生奋斗的目标。裴斯泰洛齐生活的时代正是瑞士社会发生深刻变革的时代，青年时代的裴斯泰洛齐受到法国的启蒙思想运动的影响。1774年，裴斯泰洛齐在"新庄"（裴斯泰洛齐自己命名的一个地方）开办"贫儿之家"。"贫儿之家"并不是单纯的慈善救济机构，而是培养儿童的能力和精神面貌的场所。裴斯泰洛齐力图把它办成教育与生产劳动相结合的机构。他希望通过文化知识教育和农业、手工业技术教育，把儿童培养成有知识、有能力以及有高尚的道德品质的人。由于经济困难，"贫儿之家"于1780年被迫停办。此后，裴斯泰洛齐继续进行教育改革实践，毕生致力于促进教育事业的发展。在研究教育的过程中，裴斯泰洛齐特别重视家庭教育在个体发展过程中的重要价值，《林哈德和葛笃德》是其教育思想以及家庭教育思想的集中体现。

1. 裴斯泰洛齐教育思想的理论基础

裴斯泰洛齐教育思想及其家庭教育思想建立在哲学、心理学、宗教和人性观四个方面的基础上。裴斯泰洛齐受到康德、卢梭等人的影响，重视教育应该使受教育者身心得到和谐发展。裴斯泰洛齐强调教学中学习者认识事物的基础在于获得对事物的直观感受。注重在实践中融合自然教育的理念，按照卢梭对人性的发展规律和心理发展的脉络的阐释进行教育，并在卢梭的基础上提出，自然教育不仅要培养自然人还要培养符合社会发展的人。裴斯泰洛齐认为，一切教学都应该遵循人类的心理发展规律。这一条定律同样适用于家庭教育当中，因此，裴斯泰洛齐强调父母需要了解和尊重儿童的身心发展规律。裴斯泰洛齐认为，要素教育和直观教学是遵循个体心理发展规律开展教育的重要体现。因此，他要求教育者，无论是教师还是父母，都要找出想要交给儿童的事物由哪些简单的要素构成，然后从这些简单的要素开始教。这才是符合儿童心理发展规律的教育，即教育心理学化。受时空因素的影响，裴斯泰洛齐的教育思想体现出了浓厚的宗教主义色彩。裴斯泰洛齐认为人性中存在很多矛盾，要想认识并解决这矛盾需要从人性入手寻求答案。裴斯泰洛齐还认为，教育是人对人施加的影响，对人的教育应该建立在对人性充分认识的基础上，教育的过程应该顺应人的天性。

---

❶ 参见唐淑主编：《学前教育史》，321页，北京，人民教育出版社，2013。

2. 裴斯泰洛齐对教育目的和教育原则的论述

裴斯泰洛齐认为，知识和理性是解决一切社会问题的根本。教育的首要功能应是促进人的发展，尤其是人的能力的发展。裴斯泰洛齐在1800年发表的《方法》一文中，首次明确地提出教学心理化。1801年，裴斯泰洛齐在《葛笃德如何教育她的子女》中又重申这一观点。在世界教育史上，裴斯泰洛齐是第一个明确提出"教育心理学化"口号的教育家。裴斯泰洛齐指出，专制主义和经院主义的教育违背儿童的本性，采用不适合儿童发展的方法，将一堆无用的知识充塞儿童的头脑。实现教育心理化，建立符合儿童心理规律的"教学机制"是建立新式学校教育的关键所在。

3. 裴斯泰洛齐的家庭教育思想

裴斯泰洛齐的家庭教育思想是其教育思想体系的核心。他把家庭教育看作全部教育科学的研究基础，提出所有的教育行为都应该参照家庭教育，以家庭教育为蓝本。裴斯泰洛齐指出，教育最重要的特征只有在完整的家庭成员中才能得以充分彰显，尤其在母亲身上得到凸显。温馨的家庭环境本能地为儿童能力发展的方向性和协调性奠定了基础。

第一，家庭生活是真正的教育中心。裴斯泰洛齐认为家庭生活环境对于个体最为重要。人从出生开始就在家庭环境中逐步认识世界和认识自身，并不断地发展内在的力量。因此，家庭是开展儿童教育最理智和最理想的场所。

第二，母亲是最好的教育者。裴斯泰洛齐指出，母爱具有超强的教育力量，母子之间的稳定情感是早期教育的天然动力，没有母爱，家庭教育是无法顺利进行的。裴斯泰洛齐在其著作中写道："除非让母爱在早期教育中比任何其他动力都用得更多；除非母亲能同意更为乐意地听从自己真实情感的召唤，而不是凭一时高兴或不加思索的习惯来摆布；除非她们能同意作母亲并起到母亲的作用"[1]；母亲是最合适孩子的教育者，大自然通过母亲做了很多教育儿童的事情，把整个世界循序渐进地带给儿童，帮助儿童做好了逐渐走进世界的各种准备，为了发展儿童的其他各种能力打好基础。

第三，道德教育是家庭教育的中心。"家庭应当成为任何自然教育方案的基础。它是培养人品和公民品德的大学校。人首先为童，然后学艺。为童之德有益于学艺，培养为童之德就为将来生活幸福打下基础。任何人，只要他背离这个自然顺序，抢先进行迎合国家或某种特定职业的需要的专门教育，不管是教育统治者的，还是培养奴仆的，都会把人从享受自然恩赐引向充满不测危险的海洋。……难道我们没有察觉到各国的人们如何舍弃家庭生活的质朴的欢乐，

---

[1] ［瑞士］裴斯泰洛齐：《裴斯泰洛齐教育论著选》，夏之莲等译，374页，北京，人民教育出版社，1992。

而追求无益的、显赫的炫耀，来宣扬他们的成就，以满足他们对受人赞誉的欲望吗？人们正迷入歧途，根本看不清做人的真谛。"[1] 裴斯泰洛齐指出人生而具有三种天然的力量，分别是道德的力量、智慧的力量和身体的力量。其中，道德的力量最为重要，是作为智力教育和身体教育等方面的基础。但是，这种道德力量只有在自然的家庭生活中进行才能取得理想的效果。

4. 裴斯泰洛齐对家庭教育原则的论述

第一，生活教育原则，即在自然的日常生活中活跃儿童的思维和锻炼儿童的各种能力。家庭教育的基础不是书本也不是人为制定的教学法，而应该是生活本身，即真真实实的生活过程。在《林哈德和葛笃德》一书中，葛笃德就是一位典型的家庭教育的教师。他基于对孩子的天然的爱，在真实的家庭生活中教育孩子如何认识生活的世界和参与到生活的世界中。

第二，爱的教育原则。裴斯泰洛齐认为爱是人类一切情感的核心部分，是人性的核心所在。父母在爱的基础上教育孩子，让亲情以爱的形式体现在教育上，会带给孩子温馨的、充满爱意的家庭生活和教育环境，让孩子乐意接受父母传递给他们的知识和经验。

第三，和谐的教育原则。裴斯泰洛齐主张教育应该能够有助于儿童所有先天的和后天的能力得到最好的发展，这种发展应该是全面协调统一的。这一观点也是"教育适应自然"思想的体现。裴斯泰洛齐认为，儿童成熟之前被上帝赋予的力量体现在心、脑、手三个方面，这三种力量有其自身的发展规律，又是内在统一的三个方面。一切家庭教育的进行都应当考虑这三种力量的协调发展。

（三）福禄培尔的教育思想

福禄培尔，19世纪德国教育家。他是现代学前教育的鼻祖，被誉为"幼儿园教育之父"。他不仅创办了第一所被称为"幼儿园"的学前教育机构，他的教育思想迄今仍主导着学前教育理论的基本方向。福禄培尔的教育思想与实践对世界各国幼儿教育的发展起到深远的影响。1782年，福禄培尔出生于德国中部图林根地区，其父是一个路德派牧师。这是福禄培尔教育思想带有宗教的神秘主义色彩和统一的原则的主要原因。福禄培尔出生不到一年，其母因病去世。忙于工作的父亲及感情淡薄的继母对福禄培尔缺乏必要的热情和关怀，以致福禄培尔幼年时代的生活是孤独和寂寞的。这成为福禄培尔在思考教育的时候尤其强调家庭教育的重要性的重要原因。同时，这样的家庭成长环境也养成了福禄培尔善于独自沉思默想的习惯。

---

[1] ［瑞士］裴斯泰洛齐：《裴斯泰洛齐教育论著选》，夏之莲等译，243页，北京，人民教育出版社，1992。

福禄培尔童年时经常在花园里观察和探究植物生长的秘密和自然现象，这也促使他在教育理论中强调"顺应自然"。1805年，福禄培尔开始了他的教育生涯。他曾拜访裴斯泰洛齐，深受裴斯泰洛齐思想的影响。福禄培尔的教育思想集中体现在《人的教育》一书中。

1. 福禄培尔对教育的基本原则和本能说的论述

福禄培尔关于教育基本原则的思想是其幼儿教育思想的基础。

第一，统一的原则。福禄培尔在《人的教育》一书中写道："有一条永恒的法则在一切事物中存在着、作用着、主宰着。这条法则，无论在外部，即在自然中，或在内部，即在精神中，或在两者的结合中，即在生活中，都始终同样地明晰和确定……这条支配一切的法则必然以一个万能的、不言而喻的、富有生命的、自觉的、因而是永恒的统一体为基础。"[1] 在福禄培尔看来，统一的法则或"内在联系"是宇宙的普遍法则。他认为，人和事物的一切活动都是永恒的统一体的体现。

第二，教育顺应自然的原则。福禄培尔认为，教育必须遵循自然的法则。在《人的教育》中，福禄培尔多次批判"纯粹绝对的、强制性的和指示性的教育方式"，认为它们会阻挠、破坏乃至毁灭儿童善良天性的发展。他既反对成人对儿童压制、干涉过多，束缚儿童发展；也反对成人给予儿童过多的帮助与照顾，损害儿童的发展。教育顺应自然体现了两方面的含义：一是要求儿童从出生起不受干扰地自然发展；二是教育要重视儿童个性的发展。福禄培尔用自然界的现象比拟教育活动。他以修剪葡萄为例，提出如果园丁的工作违背了植物的本性及其发展的正确道路，即使出于好心，也会损害葡萄的生长，降低它的产量。他认为，对人进行教育，也应遵循同样的道路，即顺应儿童的天性行事。总之，在他看来，只有人的天性不受到干扰而自然地发展以及人的个性发展也受到重视的情况下，正确的、真正的人的教育和人的培育才能发展，才能开花结果。他告诫人们："教育、训练和全部教学与其是绝对的、指示性的，不如更应当是容忍的、顺应的，因为在纯粹采用前一种教育方式的情况下，人类的那种完美的发展，稳步和持久的前进将会丧失。"[2]

第三，发展的原则。福禄培尔从宇宙万物无限发展的观点出发，认为作为宇宙万物一部分的人在其生命过程中也是不断发展的，且这种发展是一个连续的、不断前进的过程。他特别强调发展的连续性。"人和人身上的人性应当被看作外表的现象，不能看作一种已经充分发展的、完全形成的，一种已固定、静止的东西，而应当看作一种经久不断地成长着、发展着的，永远是活生生的

---

[1] ［德］福禄培尔：《人的教育》，孙祖复译，5页，北京，人民教育出版社，2001。
[2] ［德］福禄培尔：《人的教育》，孙祖复译，11页，北京，人民教育出版社，2001。

东西，永远朝着以无限性和永恒性为基础的目标，从发展和训练的一个阶段向另一个阶段前进的东西。"[1] 教育应该按照儿童的本性，使他们在身体和精神两个方面都同样得到发展；应该重视体育、游戏和劳动，重视体育和儿童智力与道德发展的联系。

第四，创造的原则。福禄培尔起初用神秘的语言去描述，认为人是积极能动的生灵，不是事实的被动的接受者和观察者。福禄培尔关于创造的学说，反映出费希特"行动哲学"的影响。[2]

除上述四个原则之外，福禄培尔认为儿童的身上存有四种本能：活动的本能、认识的本能、艺术的本能和宗教的本能。其中，福禄培尔特别重视活动的本能。他认为，活动的冲动是儿童的内部需要，在不同的阶段有不同的表现形式。在幼儿阶段，儿童主要是模仿父母及其他成人的生活和劳动行为。这时，幼儿只是为了活动而活动。到了少年期，儿童是为了创造物而活动，或者说为了成果而活动。少年的整个外部生活都可以归结到这种塑造的冲动。因此，教育者应该及早地在儿童身上培养活动的本能，特别在少年期培养他们塑造的冲动。

2. 福禄培尔对学前教育的作用和任务的论述

他认为，幼儿时期对发展中的人来说是非常重要的阶段。因此，他将学前教育列入整个人的教育过程，看作人的真正教育的开始。福禄培尔十分重视家庭和父母在学前教育中的作用，认为学前教育的改革必须从家庭教育开始。但是，由于各种错综复杂的原因，父母没有充分的时间教育子女，而且也缺乏足够的教育知识和训练。为弥补家庭教育的缺陷，福禄培尔于1837年创建了一所幼儿教育机构，并把它命名为幼儿园。这就是世界上第一所幼儿园。福禄培尔把幼儿园比作花园，把幼儿比作花草树木，把幼儿园教师比作园丁，把幼儿的发展比作培植花草树木的过程。在他看来，幼儿园就是"儿童的花园"，也是幼年儿童幸福的标志。福禄培尔认为幼儿园的任务可以归结为以下三个方面。

第一，幼儿园的首要任务是组织儿童进行各种适当的活动，特别是通过游戏活动来发展他们各方面的力量，为初等学校和未来生活做好准备。

第二，幼儿园应在正确引导孩子从事各种活动时，为母亲们训练照管儿童的助手，为其他幼儿教育机构训练幼儿教育工作者。

第三，幼儿园应推广幼儿教育经验，介绍合适的儿童游戏以及合适的游戏手段，包括玩具、适合于儿童天性发展的游戏内容和游戏方法。

---

[1] [德]福禄培尔：《人的教育》，孙祖复译，16页，北京，人民教育出版社，2001。
[2] 参见杨汉麟：《外国幼儿教育史》，234页，北京，人民教育出版社，2011。

3. 福禄培尔对游戏的论述

在福禄培尔看来，游戏是儿童内部需要和冲动的表现，是儿童独特的自发活动，是表现和发展儿童的自动性和创造性的最好的活动形式。因此，对儿童的游戏，不应加以束缚、压制，也不应揠苗助长，而是应当顺应其本性，满足其本能的需要。不过，福禄培尔指出游戏应当适合于儿童的体力和智力。通过长期的研究，他为儿童编制了多种游戏活动。其中一种是运用他所设计的玩具"恩物"（Gifts）进行的游戏，用来发展儿童的认识能力和创造性，并练习手的活动技能。还有一种是模仿自然界的某些现象和周围成人生活中某些动作的游戏，如"小河流水""磨坊""蜗牛""旅行"等。他还为这些游戏创作了伴唱的歌曲或伴奏的音乐。他认为，这样的游戏能使儿童认识周围的自然界和社会生活。随着幼儿年龄的增长，游戏会越来越显示其促进智力与品德发展的作用。

（四）蒙台梭利的教育理论

1870年，蒙台梭利生于意大利。她是家中的独生女，其父是思想保守的军人，其母是出身良好的富家女。良好的家境让蒙台梭利从小受到了较好的教育。1890年，蒙台梭利考入了罗马大学医学院，成为该医学院历史上第一位女性学生。1896年，蒙台梭利获得罗马大学授予的医学博士学位，成为意大利历史上第一位女性医学博士。毕业后，蒙台梭利受聘于罗马大学医学院精神病诊所，从事对心理障碍和精神病儿童的治疗工作。这一工作经历成为后来蒙台梭利关注和从事早期教育研究与实践的重要基础。1898年，在都灵召开的教育会议上，蒙台梭利发表了以精神教育为主题的演讲，首次明确提出，儿童心理缺陷的精神类疾病主要是教育问题，而不是医学问题，教育训练比医疗更为有效。从此，蒙台梭利开始了她的教育实践。蒙台梭利的早期教育理论极大地推动了现代儿童研究与儿童教育的改革和发展。

1. 敏感期与儿童发展

蒙台梭利在《童年的秘密》一书中说，儿童的心理发展是秘密进行的。父母往往不曾注意婴幼儿的心理发展过程。以儿童语言发展为例，婴幼儿语言能力的发展是秘密进行的。在蒙台梭利看来，尚不能像成人一样讲话的婴幼儿并非完全没有语言能力。婴幼儿的语言能力是与生俱来的，个体早期不能进行语言活动是因为个体的生理发展（身体器官的发展）尚不足以支持婴幼儿的这种能力充分表现出来。不仅在语言方面，个体早期其他各个方面都存在这样的现象。蒙台梭利认为，儿童在敏感期拥有一种极具创造性的本能。这种本能如果受到破坏，就有可能使儿童变得体弱、缺少活力。

蒙台梭利使用的"敏感期"一词来自生物学家的科学研究成果。敏感期是发生在生物体早期发育阶段的一种现象。在敏感期里,生物体的某些方面会在某一时间段表现出一种特殊的敏感性。也就是说,在这个特定的时期内,生物体获得某个方面的特性的本能会特别强烈。一旦这种生物特性被生物体本身获得或这一时间段过去了,这种特殊的敏感性便消失了。因此,敏感期具有短暂易逝的特点。蒙台梭利以荷兰科学家德弗利斯所研究的"动物敏感期"为例解释人类个体早期的敏感期现象。

> 一只普通的毛毛虫,其幼虫食欲非常旺盛、食量很大,甚至具有吃掉整棵植物的能力,但在刚出生的几天里,它只能靠吃枝头的嫩芽为生。雌蝴蝶出于母性的本能,会把卵产在树干与树枝交接的角落里,因为那里既安全又隐蔽。但是这里距离有嫩芽的枝头却有一段距离。当幼虫卵化后,是什么引导它爬向枝头寻找嫩芽呢?是光线!它对光非常敏感,跟着光线朝树梢爬去,向那个最亮的地方爬去。在那里,幼虫找到了赖以为生的食物。
>
> 一个值得注意的事实是:一旦幼虫长大到能够吃粗糙的食物时,它对光的敏感性就消失了,它的眼睛就再也不能感受到特别的光线了,敏感期一去不复返。此时,长大的幼虫也会相应地开始学习其他谋生方法和生活经验。这并不是因为幼虫的眼睛看不见了,而是它的眼睛对光线不再敏感了。❶

儿童的敏感期对于个体的早期发展具有重要的意义。儿童在敏感期会表现出极具创造性的本能。这种本能对儿童具有惊人的影响力,能够帮助儿童秘密地、不费周折地获得某个方面的能力。当然,如果在敏感期里儿童的这种本能没有得到适宜的环境供其发展,就有可能造成早期发展过程中某一方面能力的落后并产生终身的不良影响。例如,在语言发展的敏感期,如果儿童没有处于一个真实而充实的语言环境,就可能造成儿童语言发展的敏感性缺失而导致个体语言发展的缺憾。

2. 精神胚胎期与儿童成长的外界环境

蒙台梭利提出人类个体似乎有两个胚胎期:生理胚胎期和精神胚胎期(也作心理胚胎期)。生理胚胎期与其他胎生动物没有什么不同。此时,胚胎在母体内完成器官的发育和生长。精神胚胎期是人类所特有的现象,是人区别于其他动物的重要标志。蒙台梭利认为,精神胚胎期是人类出生后最初的三年时间,此时是人类个体早期发展的重要阶段。婴儿一降生到这个世界,就进入了精神胚胎期,并将历时三年才能度过这一时期。在此之前,胎儿经历的是生理

---

❶ 转引自[意]玛丽亚·蒙台梭利:《蒙台梭利早期教育全书》,《蒙台梭利早期教育全书》编委会编译,3页,北京,中国妇女出版社,2014。

胚胎期的发育和生长，这种发育和生长表现为生理性的器官形成和生物体的长大。进入精神胚胎期之后，个体开始了心理器官的形成和发挥作用的阶段。最初，这些正在形成的心理器官的功能并不明显，但是随着个体发展的不断深入，这些心理器官的作用越来越明显。蒙台梭利强调，新生儿在精神胚胎期的成长阶段所要经历的活动极具创造性和构建性。❶ 不管是生理胚胎期还是精神胚胎期，都有一个鲜明的特点：不能接受成人积极的影响和教育，只有环境能够在悄无声息中一定程度上影响胚胎期的个体。这就是为什么孕育期的女性需要注意自己的饮食、睡眠、用药和运动等问题。同样，个体在精神胚胎期的早期也是不应该受到成人过多的干预的，成人能做的只有为此时的个体提供丰富的、有准备的环境。精神胚胎期对人类具有相当重大的意义。在精神胚胎期，个体会通过无意识地吸收外界刺激而形成各种心理活动能力。

3. 有吸收力的心智与早期的教育方式

儿童具有自我成长、发展并形成独特心理的内在源泉和基本动力。精神胚胎期的儿童心灵是"吸收性"的，即能够通过与周围环境的密切接触和情感联系，无意识地获得各种关于环境和文化的印象，从而塑造自己，形成个体早期的个性和一定的行为模式。蒙台梭利把儿童早期发展过程中这种具有吸收"环境知识"的自然能力称为"有吸收力的心智"（也作有吸收力的心理）。蒙台梭利指出，儿童不仅具有学习的能力，能够在生活环境中学会运用力量、指挥和语言等，还具有根据周围环境塑造自己个性的能力。蒙台梭利认为，个体早期天生具有一种"吸收"所处环境中的文化的心理能力，因此，儿童具有教自己的能力。儿童的心理状态与成人不同，他们与周围环境的互动方式和关系也与成人有异。成人可以通过感知、理解、记忆的方式形成对环境的认识并利用环境，而儿童则通过用心灵吸收环境的方式与周围环境建立关系，并将周围环境中的某些东西转化为其内心世界的某些东西。在蒙台梭利看来，这一发现应该引发一场教育领域的革命。一方面，成人不应该再把个体早期阶段视为弱小的、无能为力的婴儿，而应该认识到个体早期的巨大潜能和巨大创造力；另一方面，儿童这种自我发展和自我教育的创造活动属于无意识活动，不能通过外在的、成人的积极影响产生，而是要通过儿童自己的活动和自己的生活才能形成。蒙台梭利指出："教育并非教师教的过程，而是人的本能发展的一种自然过程。不是通过听，而是依靠儿童作用于环境获得的经验。教师的任务不是讲解，而是在为儿童设置的特殊环境中预

---

❶ 参见［意］玛丽亚·蒙台梭利：《蒙台梭利早期教育全书》，《蒙台梭利早期教育全书》编委会编译，62 页，北京，中国妇女出版社，2014。

备和安排一系列有目的的文化活动主题。"❶

（五）杜威的教育理论

杜威是美国著名的实用主义哲学家。1916年，他出版了教育代表作《民主主义与教育》一书。杜威的实用主义哲学强调人在社会中的生存和发展，关注人在社会生活过程中自身与社会、自身与自然以及自身与他人之间关系的处理。杜威的实用主义教育思想是其实用主义哲学的重要组成部分，对美国乃至世界教育的发展产生了巨大的影响。

杜威将教育的本质概括为以下三点：教育即生长、教育即生活、教育即经验的改组与改造。

教育即生长。杜威在生物学的基础上提出儿童生来就潜藏着四种本能及其活动：语言和社会的本能及其活动，制作的本能及其活动，研究和探索的本能及其活动，艺术的本能及其活动。在杜威看来，教育的责任就是服务于这种本能的自然生长，除此之外别无其他。杜威认为，生长是个体身上表现出来的一种积极的力量，儿童在受到教育之前，有一种生物的本能和冲动会不断发展自己身上的四种本能。因此，教育就应该以这些东西为依据和基础，不然教育便没有途径可以实施。杜威在其著作里这样论述道："唯一的真正教育是通过对儿童能力的刺激而来的"，"儿童自己的本能和能力为一切教育提供了素材，并指出了（教育的）起点"。❷ 在《民主主义与教育》一书中论述教育的目的时，杜威这样写道："教育就是生长；在它自身以外，没有别的目的。学校教育的价值，它的标准，就看它创造继续生长的愿望到什么程度，看它为实现这种愿望提供方法到什么程度。"❸ 在讨论教育本质的过程中，杜威对"生长"的界定不仅包括身体的强壮，也包含智力的发展和道德修养的提升。

教育即生活。杜威同样从生物学的角度提出教育是生活的需要。杜威对"生活"一词的解释极其丰富。在杜威的著作里，"生活"表示个体和种族的全部经验，包括习惯、制度、信仰、胜利和失败、休闲和工作，也包括社会生活和个人生活两个方面。杜威认为，从广义上讲，教育就是社会生活的延续，社会生活只有在个体间不断地交流和沟通中才能得以实现，而教育过程就是生活的过程。杜威认为："一切教育都是通过个人参与人类的社会意识而进行的。这个过程几乎是在出生时就在无意识中开始了。它不断地发展个人的能力，熏染他的意识，形成他的习惯，锻炼他的思想，并激发他的感情和情

---

❶ 任代文主译校：《蒙台梭利幼儿教育科学方法》，327页，北京，人民教育出版社，1993。
❷ 赵祥麟、王承绪：《杜威教育论著选》，1、2页，上海，华东师范大学出版社，1981。
❸ 赵祥麟、王承绪：《杜威教育论著选》，158页，上海，华东师范大学出版社，1981。

绪。"❶ 这就意味着，教育在本质上是与生活合二为一、融为一体的。教育与生活不是两个不同的事物，而是同一个事物的两种不同表现形式。在教育即生活的基础上，杜威提出了"学校即社会"的主张。依据杜威的观点，学校生活应当从儿童熟悉的家庭生活中发展而来，使儿童逐渐了解生活的意义，这是儿童生长和生活的需求，也是社会发展和进步的需求。因此，教育即生活的观点至少包含两个层面的意义：一是学校要与社会生活相结合，不可相互脱节；二是学校要与儿童生活相结合，关注儿童已有的生活经历和经验。

教育即经验的改组与改造。杜威特别强调经验在儿童发展中的重要意义。杜威指出，并不是一切儿童经历过的东西都可以被称为经验，不是所有的经验都具有教育的意义。教育与经验不是简单的等同关系。那些不利于教育的就不能被称为经验。因此，只有那些"能够支撑后来的经验富有成效并具有创造性的当下经验"才是真正意义上的经验。

杜威在《民主主义与教育》一书中写道："我们探索教育目的时，并不要到教育过程以外去寻找一个目的……是要把属于教育过程内部的目的，和从教育过程以外提出的目的进行比较。……他们的目的是由外来的命令决定的；他们的目的并不是从他们自己的经验自由发展而来。"❷ 在杜威看来，教育的目的应该在教育活动的内部，即教育活动的本身之中，任何外在的、人为设置的教育目的都背离了教育本身的目的。教育活动本身是没有目的的。那些试图把儿童培养成怎样的人的目的是人为设置的教育目的，其本质不是教育的目的，是人的目的。杜威批判那些人为的、从外部强加的教育目的。他指出，这种教育目的强调教育要为未来的生活做准备，忽视教育者和学习者当下的生长和生活，这样只会使教师和儿童所做的事带有奴隶性；如果儿童生长和生活的唯一秩序是按照成人的指示进行的，那么这样的生活对儿童来说是没有意义的。

杜威对教学论的论述是"做中学"。"做中学"是杜威全部教学理论的基本原则，贯穿了课程内容的设置、教学方法的选择，教学组织形式的确定，教学过程的展开和学习效果的评价等。"做"和"学"的主体都是人。这里所讨论的"人"不仅仅是"儿童"，也包括支持儿童学习的"成人"。"做"的过程就是动手、动脑等活动的实践过程，是直接经验的唯一来源。杜威反对把知识从生活中割裂出来，作为教育活动直接追求的目标。这样的教学无视儿童本身的需求，脱离儿童的实际生活，是将成人的经验以灌输的方式从外部填塞到儿童的头脑中，对儿童的生长和生活无益。杜威要求教育从儿童的活动能力出发，

---

❶ ［美］约翰·杜威：《学校与社会·明日之学校》，赵祥麟、任钟印、吴志宏译，3页，北京，人民教育出版社，2005。
❷ ［美］约翰·杜威：《民主主义与教育》，王承绪译，111页，北京，人民教育出版社，2001。

从儿童的真实生活出发。在儿童教育中，最好的办法就是让儿童在真实的社会生活中，在真实的生长活动中获得经验、积累知识。所以，在学校课堂中占中心位置的活动不应该是教师的"教"，而应该是各种能够使儿童动手、动脑等调动各种感官进行实践的活动。这些活动还能缩短儿童的学校生活与校外生活的差距，使儿童的学校生活和校外生活成为一个有机的统一体。

（六）马拉古奇的教育思想

马拉古奇是意大利瑞吉欧教育模式的创始人。瑞吉欧教育模式自形成后，以其独具特色的教育理念和教育方法，突出的教育成果受到了世界范围内的广泛关注。其创始人马拉古奇的小诗《其实有一百》（The Hundred Languages of Children）被认为是其儿童观和儿童教育观的集中体现，提示我们应该看到儿童是丰富、立体、富有创造力的存在。

儿童
是由一百种组成的，
儿童有
一百种语言
一百双手
一百个念头
一百种思考、游戏、说话的方式；
还有一百种倾听、惊奇和爱的方式
有一百种欢乐，去歌唱去理解
一百个世界，去探索去发现
一百个世界，去发明
一百个世界，去梦想。

儿童有一百种语言
（这一百是一百个一百的一百）
但被偷走了九十九种。
学校和文明，
将他的身心分离。
他们告诉儿童：
不需用手去做，
不需用头脑去想，
只需听不要说，

只要理解不要快乐。

爱和惊奇
只属于复活节和圣诞节。
他们催促儿童
去发现早已存在的世界，
儿童的一百个世界
他们偷走了九十九个。
他们告诉孩子：

游戏与工作
现实与幻想
科学与想象
天空与大地
理智与梦想
它们是水火不相容的。
他们就是这样告诉儿童：
一百种并不存在。
儿童却说：
其实真的有一百。[1]

瑞吉欧是意大利东北部的一个小城市，自20世纪六七十年代开始，马拉古奇和当地的早期教育工作者兴办并发展了该地区的学前教育。瑞吉欧教育模式特别强调，儿童的学习不是独立建构的过程，而是在诸多条件下，比如说家长、教师和同伴等人的相互作用过程中构建知识（或经验）的过程，是在特定的文化背景中构建知识、情感和人格的过程。在与其他人的互动的过程中，儿童既是互动行为的受益者，又是互动行为的贡献者（为他人提供受益的机会）。

瑞吉欧教育模式之所以取得卓有成效的教育成就，与其充分地吸收世界先进的教育理论和教育思想密不可分。以杜威和克伯屈等人为代表的欧美进步主义教育思想对其产生了直接和深远的影响。教育理念是教育实践的灵魂。瑞吉欧教育模式的教育理念可以大体总结为以下几个方面。

第一，儿童具有巨大的潜能和强烈的求知欲。瑞吉欧教育模式把儿童

---

[1] 张仁贤主编：《改变教师的75个教育瞬间》，175～176页，北京，中国轻工业出版社，2015。

看作社会的成员。儿童是社会和文化的参与者和创造者，拥有同成人一样的权利和地位。儿童有权利发表自己的看法和观点，其看法和观点应该被成人尊重。儿童获得知识和经验的过程是积极主动的，他们具有强烈的好奇心和求知欲，有自己认识经验、建构经验和利用经验的独特方式。儿童不是空空的容器，被动地接受成人的灌输。

第二，早期教育应该从儿童出发，以学定教。在瑞吉欧教育模式中，早期教育的中心应该是儿童，因此，早期教育的出发点应该是儿童的兴趣、需要和已有的经验。儿童在教育过程中有权对教育内容、教育方法和课程决策发表意见。但瑞吉欧教育模式并不是推崇绝对的儿童中心主义。在强调儿童的地位和权利的同时，瑞吉欧教育模式也十分看重教师和家长在早期教育过程中所扮演的角色。

第三，强调环境在早期教育中的重要作用。在瑞吉欧教育模式中，环境是早期教育的重要因素。瑞吉欧教育模式非常注重为儿童提供真实的、丰富的、有准备的环境。因此，在瑞吉欧教育模式下，无论是承担三四个月至3岁婴幼儿早期教育的婴儿中心，还是承担3～6岁儿童早期教育的学校，都会积极使日常生活中的人、事、物成为优质的课程资源，课程内容就来自儿童周围的环境，儿童和教师感兴趣的事物、现象和问题等。

瑞吉欧教育模式顺应了社会和时代发展的需要，在吸收国内外先进的教育理念和教育思想的同时，也在意大利特有的文化和传统的基础上形成了具有自身独特意义和价值的教育思想体系。

二、近代中国早期教育理论

（一）陶行知的生活教育理论

1891年，陶行知出生于安徽歙县一个教师之家。他6岁开始在私塾上学，14岁时进入崇一学堂学习。1909年，他进入南京汇文书院读书，第二年转入金陵大学。1914年秋天，他赴美留学，早期就读于伊利诺伊大学并获得市政学硕士学位，而后进入哥伦比亚大学开始研究教育，受学于杜威门下。陶行知在美留学期间，受到了杜威、孟禄和克伯屈等人的影响。回国后，陶行知在教育实践中开始探索与试验，吸收古今中外优秀的教育成果，提出符合中国国情的教育理论体系——生活教育理论。该理论体系是陶行知教育学说的主体思想，是陶行知在继承了古今中外众多的教育思想精华和总结自身教育实践经验的基础之上提出的，并在陶行知的教育实践活动中不断发展。

生活教育理论一般被概括为"生活即教育""社会即学校""教学做合一"。"生活即教育"被认为是陶行知生活教育理论的核心内容。那么，什么是"生活即教育"呢？陶行知曾这样阐述："生活教育是生活所原有，生活所自营，生活所必需的教育（Life education means an education of life, by life and for life）。教育的根本意义是生活之变化。生活无时不变即生活无时不含有教育的意义。因此，我们可以说：'生活即教育。'"❶在讨论生活教育是一种什么样的教育时，陶行知这样论述："生活教育是以生活为中心之教育。……过什么生活便是受什么教育：过健康的生活便是受健康的教育；过科学的生活便是受科学的教育。"❷通过对陶行知生活教育理论的研究，我们可以发现，"生活即教育"至少有以下四个层面的内涵。一是生活的过程也就是人接受教育或接受影响的过程，生活含有教育的意义，具有影响人（发展与成长）的作用，生活就其实质而言就是一种特殊的教育。二是生活教育是人类社会所惯有的教育，并非某位教育家的创造。生活教育自人类社会生活产生以来就有，并随着人类社会生活的变化而不断变化。其中有促进人类向前发展和进步的教育，也有制约和阻止着人类向前发展的教育。三是生活应该成为教育的中心目的和任务。教育的中心目的和任务必须与生活紧密相连，保持一致。教育的内容应该是生活的内容，教育的目的应该是满足生活不断向前、向上发展的需求。四是生活具有多样性，无论是以类的形式存在的种群的生活还是以个体的形式存在的每个人的生活，都会呈现出一定的多样性。有积极的、进步的、向上的生活，也有消极的、落后的、倒退的生活。教育应该促使人过积极向上的生活。陶行知并不是简单地将"生活"等同于"教育"，也并非否定教育作为一种特殊的影响人的实践的存在意义和价值。"生活即教育"从本质上是强调生活与教育之间深刻的、特殊的、内在的统一性。从另外一个角度来说，脱离了生活，教育也就失去了教育本质。

"社会即学校"是承接"生活即教育"而来的。这是生活教育理论的领域论。陶行知在论述这一主张时说道："到处是生活，即到处是教育；整个的社会是生活的场所，亦即教育之场所。因此，我们又可以说：'社会即学校。'"❸陶行知认为，学校不应该与社会分割开来，否则学校的学习会与社会的生活失去联系。陶行知主张将学校的"围墙"去掉，把教育人的事放在整个社会中去完成。在论述社会与学校的关系时，他认为不运用社会的力量，便是无能的教育；不了解社会的需要，便是盲目的教育。也就是说，要意识到社会在教育人的过程中的重要作用，在教育的过程中自然而然地运用社会的力量，关注社会的需求。

---

❶ 《陶行知全集》第 2 卷，633 页，长沙，湖南教育出版社，1985。
❷ 《陶行知全集》第 2 卷，288 页，长沙，湖南教育出版社，1985。
❸ 《陶行知全集》第 2 卷，633～634 页，长沙，湖南教育出版社，1985。

生活教育理论的方法论是"教学做合一"。[1]陶行知曾这样阐述——"教学做合一"是生活现象之说明,即教育现象之说明。"教学做"并不是三件不同的事,其实质是一种生活之三方面。同时,"教学做合一"是生活法,也是教育法。"教"的方法根据"学"的方法,"学"的方法根据"做"的方法。事怎么"做"便怎么"学",怎么"学"便怎么"教"。"教"与"学"都是以"做"为中心的。由此可见,在陶行知看来,儿童学习的主要途径是"做,即活动或行动"。也就是说,儿童在积极主动的行动中获得的经验,即儿童学习的成果。因此,给儿童提供"做事"的机会就成了早期教育的重要原则。"做"应该成为儿童早期教育的中心任务和中心内容:儿童在"做"的过程中"学",教育者在"做"的过程中"教"。教育者都在"做"的基础上收获经验并不断进步。陶行知还进一步解释,"做"应该是在劳力上劳心,用心以制力,即体力和智力的共同应用。陶行知强调,"做"既要调动各种感官的广泛参与,实现眼、耳等感官的参与,又要能够运用自身之外的"工具"。

(二)陈鹤琴的儿童教育思想

1892年,陈鹤琴出生于浙江上虞,是我国儿童心理学研究的开创者,也是我国现代儿童教育的奠基人。1914年,陈鹤琴毕业于清华学堂,后赴美留学,获约翰·霍普金斯大学学士学位和哥伦比亚大学师范学院硕士学位。1919年回国后,他致力于探索适合中国国情的儿童教育之路。经过多年的研究,陈鹤琴在儿童心理、家庭教育、社会化的儿童教育等领域取得了突出的成就。

陈鹤琴受杜威和陶行知关于教育本质观点的影响,创建了独特的教育理论,提出"活教育"理论体系。该理论提出儿童教育的重要特点是:生养的过程与教育的过程应该相互整合、互为一体,真实的儿童生活就是儿童教育的本质。陈鹤琴认为,成人不应该把儿童生活和儿童教育人为分割开来,让儿童接受教育的生活和社会生活变成两重天。儿童教育的内容就应该是儿童生活中的一饮一食、儿童生活世界里的一草一木等。陈鹤琴还认为,儿童所处的生活世界概括起来无外乎两种:大自然和大社会。大自然就是儿童生活所处的自然世界,包括动物、植物以及各种变化莫测的自然界之现象;大社会就是儿童生活所处的社会环境,包括儿童熟识的人以及错综复杂的人际关系等。陈鹤琴进一步论述,只有当这些为儿童所熟悉的周围的人、事、物成为儿童教育的内容时,儿童才会产生极大的兴趣和热情,才会有主动、积极地去探索的心和行动,才会在真实的情境下去尝试找寻解决问题的办法并尝试验证这些办法,才会在获得成功之后体验到

---

[1] 参见董宝良主编:《陶行知教育论著选》,216～218页,北京,人民教育出版社,2015。

深刻的成就感和幸福感，才能获得对自己的肯定，也才会愿意不断深入探索周围的世界。

陈鹤琴认为研究儿童心理是开展儿童教育的前提。他在长期观察、记录和分析的基础上，对儿童心理发展进行了如下的总结。

1. 儿童是好游戏的

陈鹤琴发现，儿童生而好动，以动的形式获得游戏的乐趣。例如，不同月龄的婴幼儿动作发展水平不同，但是都有与之相适应的游戏可供其玩耍。两三个月的婴幼儿会躺在床上敲手踢脚；五六个月的婴幼儿懂得去抓那些引起自己注意的东西；再大一些的婴幼儿的活动变得更为复杂，活动范围也进一步扩大，活动形式也更为丰富多样。如果成人像儿童那样活动两小时，结果一定是疲惫不堪，但儿童不会。概括起来，儿童喜动不喜静，以游戏的形式生活着，展现着自身强大的生命力量。对儿童来说，越是运动则身体越强健，越是多玩游戏则获得的快乐越多，越是获得多的经验则越能积累更多的学识并越具有思考能力。因此，成人应该重视儿童的动作和游戏。

2. 儿童是好模仿的

陈鹤琴提出，儿童喜欢模仿。未满一周岁的儿童就能够模仿简单的声音和动作。儿童生活世界里的声音、动作等都是儿童模仿的对象。三四岁的儿童表现出更加强大的模仿能力，社会生活中的人、事、物都是儿童模仿的对象。因此，此时的儿童游戏往往模仿真实的社会生活的场景。正因为儿童有喜欢模仿的特点，所以成人要注意自身的言谈举止，防止给儿童提供不良的榜样示范。

3. 儿童是好奇的

陈鹤琴提出，儿童生而具有好奇心。最早表现为五六个月的婴幼儿就能随着听到的声音转头去寻找声源，一看到自己感兴趣的东西就要伸手去拿。四五岁的儿童好奇心格外重，总是能够被周围新鲜的事物吸引过去。儿童的好奇心有一个重要的外显性特征——问题多。儿童总是针对他们感兴趣的事物问个不停。例如，它是什么？它为什么会响？它是怎么做到的？陈鹤琴充分肯定了儿童好奇心在儿童成长中的意义和价值，认为好奇心是驱动儿童探索、发现的重要动力，也是儿童获得知识和经验的重要途径。

4. 儿童是喜欢成功的

陈鹤琴发现儿童不仅喜欢游戏，而且喜欢在游戏中获得成功、体验成功。他指出这种成功的体验是儿童不断游戏、不停探索的重要动力。在此基础上他提出，儿童教育过程中，成人需要注意的是不能为儿童提供太难的事，否则会导致儿童兴趣减退并无法取得理想的效果。

5. 儿童是喜欢野外生活的

陈鹤琴指出，儿童喜欢走出家门，走出庭院，走进外面的世界，走进大自然、大社会。真实的大自然和大社会中的万千事物是儿童感兴趣的东西，是满足儿童好奇心的东西。成人在带领儿童走进大自然、大社会探索时，教育方式应该根据儿童的年龄而有所差异。陈鹤琴指出，不接触大自然、大社会可能导致儿童身体羸弱、知识缺乏等，长久来看，会对儿童的一生产生不良的影响。大自然、大社会能为儿童提供比书本更加鲜活、更加有生命力的内容，儿童可以在其中探索。

6. 儿童是喜欢合群的

在论述这一观点时，陈鹤琴提出，人都是喜欢群居的，儿童也是如此。儿童在两岁左右时就表现出喜欢和同伴一起玩耍的特征，到了五六岁，这种特征更加鲜明。基于此，陈鹤琴提出，成人在教育儿童的时候应该支持和帮助儿童建立良好的同伴关系；给儿童提供玩具或驯良的动物作为玩伴；等等。

7. 儿童是喜欢称赞的

陈鹤琴认为，两三岁的儿童就已经喜欢"听好话"，喜欢被周围的人称赞。陈鹤琴指出，这种赞许应该成为教育儿童的一种策略。称赞对儿童有激励作用，但我们也不能滥用称赞。

（三）张雪门的儿童发展观

张雪门，浙江宁波人，在幼儿园课程研究方面取得了举世瞩目的成就，与陈鹤琴并称"南张北陈"。张雪门幼年在私塾接受过中国传统文化的熏陶，中学时代接触过西方新式教育。张雪门曾在家乡担任小学校长，1918年创办星荫幼稚园，在多年的办园过程中开展了丰富的儿童研究和幼儿园课程研究。20世纪20年代初，他应邀出任孔德学校小学部主任，利用这次机会全面考察了北京周边地区的幼儿教育情况。20世纪40年代，张雪门赴台湾主持幼儿教育工作。张雪门的代表作有《幼稚教育新论》《新幼稚教育》《幼稚园教育概论》等。

对于"儿童到底是什么"这一问题，张雪门认为，儿童是生长的有机体。具体地说，张雪门认为，儿童的全部生活是其一生生长的一个阶段。在这个阶段里，儿童有其独特的生理特征和心理特征。儿童以成长时期特有的身心发展特征与所处环境相接触并发生交互，并在此基础上实现逐渐成长。张雪门提出，提供给儿童的课程不应该只关注知识性的内容，更应该关注必要的生活技能、尝试、兴趣、道德、体力、风俗、礼节等经验。也就是说，提供给儿童的课程应该是适应儿童生长的有价值的材料的总和。基于此，1966年，张雪门在《增订幼稚园行为课程》一书中明确提出了"行为课程"的概念，并进行了详

细的解释。张雪门在开展儿童教育实践的过程中，鼓励儿童参加各种各样的活动并在活动的过程中收获经验。他认为这是儿童最好的学习和最好的发展。

　　用现代的儿童发展观来看，张雪门具有一定的建构主义儿童发展观。他认为，儿童只有在真实的生活情境中与客观世界里的万事万物互动才能建立起对事物的认识，并形成对儿童生活世界的认识。在张雪门看来，儿童的学习与发展应该是获得直接经验的过程。行为课程就是强调儿童在生活世界里的实践行为，只有这样的实践行为才能帮助儿童获得最有利于成长的经验。这些经验的建构对儿童的成长具有重要意义，对个体一生的发展同样具有重要意义。因此，张雪门提出，教育者应该关注儿童的能力、兴趣和需要等，并以此作为依据为儿童提供真实的生活活动。

专题二　云测试

专题三

早期教育的国际性文件、政策与法规

学习目标

1. 了解有关早期教育的国际性文件。
2. 了解国内外主要的早期教育政策与法规。
3. 能对国内外主要的早期教育政策与法规进行评价。
4. 能依据早期教育政策与法规，树立正确的儿童观和教育观。
5. 能够正确运用早期教育政策与法规指导早期教育实践活动。

思维导图

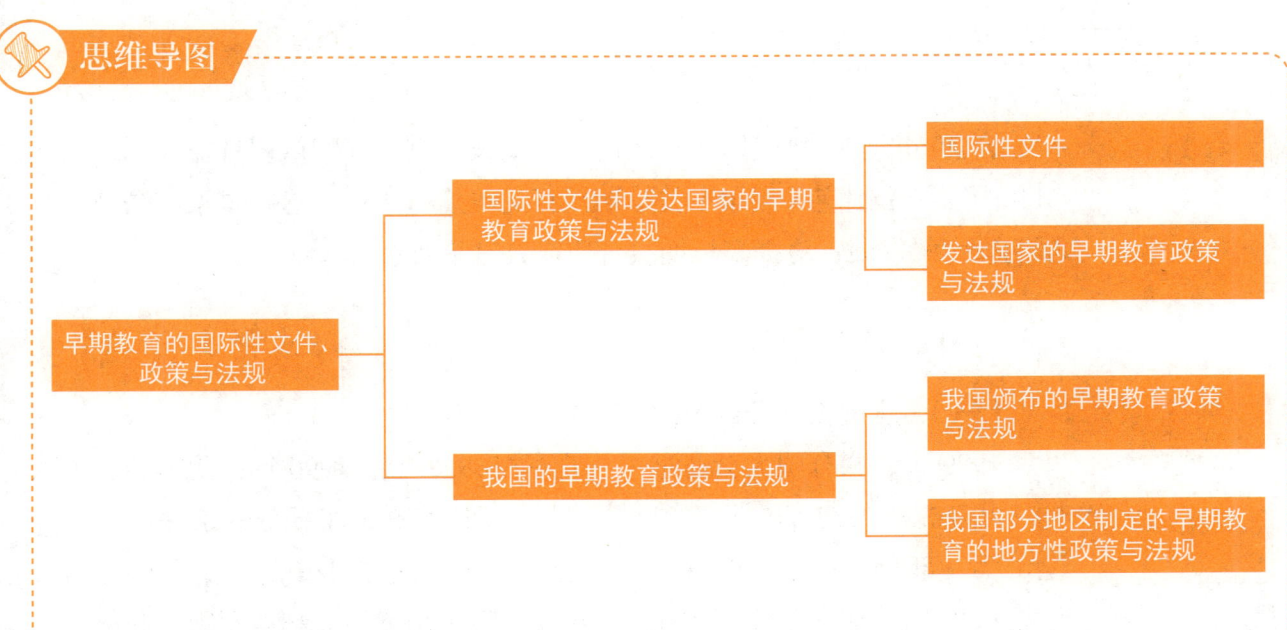

互动交流

早期教育对人的终身发展的价值早已成为国际共识。各国政府和国际组织纷纷制定了一系列早期教育政策和法规，以指导、规范和约束早期教育活动，保护婴幼儿的基本权利，推动早期教育事业的发展。你了解哪些早期教育的政策与法规？

_____
_____
_____

学习主题一　国际性文件和发达国家的早期教育政策与法规

学习初体验

2022年7月11日发布的联合国儿童与武装冲突年度报告，详细描述了2021年各种形式的冲突对世界各地儿童造成的毁灭性影响。报告概述的危险包括冲突升级、军事政变和接管、旷日持久的新冲突以及违反国际法行为。跨界冲突和族群间暴力也对儿童保护产生了影响。报告聚焦经核实的严重侵害儿童行为。杀害和残害儿童是核实最多的严重侵犯人权行为，其次是武装团体招募和使用儿童以及拒绝人道主义准入。

如何保护儿童，预防儿童侵害事件的发生？

_____
_____
_____
_____

自20世纪80年代以来，人们对早期教育重要性的认识日益加深，国际组织和国家纷纷制定并颁布有关早期教育的政策与法规。这些政策与法规规范了早期教育的发展，对提高早期教育质量具有重要意义。

▶▶ 一、国际性文件

（一）《儿童权利公约》（1989）

1989年，联合国大会通过了《儿童权利公约》。1990年，我国签署了联合国《儿童权利公约》。《儿童权利公约》包括序言和三个部分的条款。

第一部分（1～41条）是实质性条款，规定了儿童的含义，提出了《儿童权利公约》的四项基本原则：无差别原则、儿童最大利益原则、确保儿童生存发展权原则、尊重儿童观点原则，还明确了儿童的四项基本权利：生存权、全面发展权、受保护权、参与权。

第二部分（42～45 条）是程序性条款，规定了联合国儿童权利委员会的职能、组成和任期与缔约国定期提交履行公约情况报告的义务。

第三部分（46～54 条）是兜底条款，规定了公约的签署、批准、加入、生效、修正、保留、退出等事项，并规定联合国秘书长为该公约的保管人和其他官方语言的文本法律效力。

（二）《儿童生存、保护和发展世界宣言》（1990）

1990 年 9 月 30 日，联合国世界儿童问题首脑会议在联合国总部举行，会议通过了《儿童生存、保护和发展世界宣言》。1991 年 3 月，我国政府正式签署这份文件。《儿童生存、保护和发展世界宣言》共 25 项条款，包括宣言的主旨、政府责任及保护儿童权利和改善生活的十点方案。其中，主旨是"让每个儿童有更好的未来"，十点方案主要包括：推动尽早批准和执行《儿童权利公约》，保证儿童的生存、卫生和教育以及保护他们免受暴力和剥削等方面的最低标准；促进世界各国采取全国范围和国际性行动，以增进儿童健康；减少文盲、提供教育和就业机会的方案；改善生活在特殊困难环境中的儿童的命运等。

（三）《坚实的基础：幼儿保育和教育》（2006）

2006 年 10 月 26 日，联合国教科文组织、联合国儿童基金会等国际组织在美国纽约发布了 2007 年"全民教育全球监测报告"——《坚实的基础：幼儿保育和教育》。报告指出，全世界近一半的国家没有为 3 岁以下的儿童制订正式的保育和教育计划；绝大多数发展中国家学前教育的入园率依然很低；处境不利的儿童无法接受正规的保育和教育。针对这些问题，该报告指出，政府要为幼儿保育和教育提供政治上的支持，建立幼儿保育和教育工作的部门协调机制，增加幼儿保育和教育的专门基金和预算投入，研究制定公立、私立幼教机构的质量标准，提升幼儿保育和教育工作者的素质。

（四）《莫斯科行动纲领——用好各国的资源》（2010）

2010 年 9 月，以"筑建国家财富"为主题的世界首届幼儿保育和教育大会通过了《莫斯科行动纲领——用好各国的资源》。《莫斯科行动纲领——用好各国的资源》强调早期保育和教育是儿童的一项权利，是一个人终身发展必不可少的基础，也是一个社会的、人类的和经济发展的基础，所以各国政府必须为 0～8 岁儿童提供良好的保育、教育、健康、营养和保护；实施早期保育和教育对儿童和社会发展具有很多益处，包括儿童获得更好的健康和营养，提高以后的教育效率，促进男女平等，提高就业能力和收入水平以及拥有更高质量的生活等。同时，《莫斯科行动纲领——用好各国的资源》还指出早期保育和教育在世界各国具体实施中依然存在诸多挑战：早期保育和教育不总是被政府支持，达不到所需要的规模；缺少早期保育和教育的基础设施；家庭、社区、其他社会团体、私营企业、政府和发展机构等早期保育和教育的改革层级的利益相关者在早期保育和教育项目上缺乏合作能力。

二、发达国家的早期教育政策与法规

本小节主要论述美国、英国、日本、韩国四国的早期教育政策与法规。

（一）美国的早期教育政策与法规

美国政府对于婴幼儿早期教育很重视，出台了一系列法律法规，以保证婴幼儿从出生起接受正规的教育，特别是来自低收入家庭的学龄前儿童。相关立法和政策的制定有效保障了政府对早期教育的持续性投入和高瞻远瞩性发展规划的实施。

1."开端计划"（1965）

美国全国性的学前儿童保育与教育计划中，持续时间最长、影响最大的是"开端计划"。该计划旨在向贫困家庭的3～5岁儿童（以三四岁为主）与残疾儿童免费提供学前教育、营养与保健。从1965年起由联邦政府与地方当局合作实施，延续至今。美国国会批准的"开端计划"拨款，1965年为9640万美元，1975年为4.04亿美元，1985年为10.7亿美元，1993年为27.7亿美元。由于认识到3岁前儿童发展与教育的重要性，美国1994年又提出了"早期开端计划"，把教育服务对象延伸到贫困家庭中的2岁儿童。"开端计划"累计培育了数千万儿童，对美国学前教育事业的发展起到了重要的作用。❶

2.《儿童保育法》（1979）等一系列法律法规

1979年，美国国会通过了《儿童保育法》；1990年，美国国会通过了《儿童早期教育法》；等等。❷

3.《儿童保育与发展固定拨款法》（1990）

根据1990年国会通过的《儿童保育与发展固定拨款法》，美国政府从1991年起每年拨予各州发展托幼事业专款，以弥补地方上这方面经费的不足。

---

❶ 参见李广海、马焕灵、陈亮主编：《学前教育政策与法规》，187页，南京，东南大学出版社，2016。

❷ 参见赵朵、周金梅、赵红艳主编：《学前比较教育》，22页，镇江，江苏大学出版社，2019。

1991年拨款7.71亿美元，1995年为9.346亿美元。国会于1988年与1990年两次修订《社会保障法》，增添了向低收入家庭提供儿童入托补贴的条款。1992年，这方面经费支出为十几亿美元。另外，美国政府拨给各州的发展社会服务事业的经费，约有1/5用于支持早期保育与教育。❶

4."0～5岁教育计划"（2009）

奥巴马就任美国总统后，延续"开端计划"，提出要全面革新美国早期教育，保证兑现所有学前教育经费，提升早期教育质量，为此制定了"0～5岁教育计划"。具体政策包括以下几点。

第一，设立幼儿早期教育学习挑战经费，以鼓励美国各州制订或扩大针对怀孕妇女和学龄前儿童的高质量学龄前教育计划；实施幼儿园普及计划，为美国儿童提供志愿性的、普遍的学龄前教育，以此提高早期教育质量，推进早期教育的普及。

第二，培训专业保育护士为初为父母者提供早期育儿指导，帮助初为父母者正确养育婴儿；帮助初为母亲者检查身体状况，并为其健康保健提供指导；在婴儿的精神和营养方面提供帮助，为其将来入学和生活做好准备。

第三，扩大"照顾子女及受抚养人税收抵免"优惠政策，为学龄前儿童提供可偿付的高质量的儿童护理，确保有足够的资金用于"儿童保育和发展固定拨款"项目，努力支持发展体现更高标准的儿童保育质量评价体系，并对教职员工培训和专业发展给予支持。

第四，创立总统早期学习咨询委员会，以此协调联邦政府和各州之间、私立和非营利部门之间的合作，加强联邦政府发展早期教育的领导和统筹职责，加强对国家、州或地方早期教育项目的监测、评估和推广。❷

5.《儿童保育中心认证标准》（2014）

美国密歇根州为提高本州托育机构的服务质量，出台了《学龄前儿童早期教育质量标准》《婴幼儿项目早期教育质量标准》，同时成立了密歇根州教育部质量开端办公室。该办公室牵头负责协调和整合密歇根州所有早期儿童学习发展项目，以此提升机构质量，促进儿童发展。要提升质量，关键是建立机构准入标准。2014年，美国密歇根州人力资源局儿童及成人许可中心发布《儿童保育中心认证标准》，对托幼机构在举办资格、人员配备、建设设计、安全防护、卫生保健方面提出了要求。❸

---

❶ 参见周智慧主编：《学前教育学》，232页，天津，天津大学出版社，2016。
❷ 参见闫守轩、段蕾、范超：《美国奥巴马政府"0～5岁教育计划"的解析与借鉴》，载《辽宁师范大学学报（社会科学版）》，2011（6）。
❸ 参见洪秀敏等：《婴幼儿托育机构设置标准的国际经验与启示》，2～7页，北京，北京师范大学出版社，2020。

（二）英国的早期教育政策与法规

英国非常重视婴幼儿早期教育，颁布的一系列政策涵盖了0～5岁儿童保育和教育的各个方面，体现出对0～5岁儿童保育和教育的整体设计。在20世纪90年代以前，英国政府对于5岁以下儿童的教育并不重视。直到1998年新工党上台执政后颁布了"国家保育战略"，并且提出了第一项国家对早期教育的干预政策——"确保开端计划"。以此为标志，英国政府出台了一系列针对0～5岁儿童的早期教育政策。如果将英国政府从国家层面颁布的早期教育政府文件进行分析与梳理（表3-1[1]），我们可以发现这些文件所反映的英国政府的早期教育政策取向和政策视角虽然有一些细微的差异，但基本上保持了早期教育发展思路的一致性和政策体系的连贯性，并且呈现了以下几个特点。

第一，强调并不断明确政府在早期教育发展中的职责。一方面强化中央政府的教育责任，同时进一步明确地方政府的早期教育发展责任；另一方面明确政府的各个部门在发展早期教育中的职责并强调重要部门的关键领导者的权力和责任。

第二，国家的早期教育系列政策具有明确的教育价值观且具有延续性和稳定性。英国的早期教育政策并没有因为执政党的更替而出现较大的改变。英国提倡"全纳教育"和民主公平，重视教育起点公平和教育机会均等；强调权利与义务的平衡，重视父母的义务以及家庭和工作的平衡；强调社区对公民美好生活的作用，充分重视和利用社区在早期教育服务中的作用。

第三，早期教育政策逐步实现体系化，涵盖早期教育事业发展的各个方面，并具有可操作性。从宏观层面的国家早期教育发展理念、发展方向、发展目标和发展思路，到中观层面的不同年龄段儿童发展指标、早期教育教师的专业发展标准和不同早期教育机构的准入标准，再到微观层面的早期教育机构质量督导的框架和指标，不同早期教育机构的人数规定、人员构成等具体规定，基本都以国家文件甚至法律的形式进行了规范。

第四，通过逐步立法来保障早期教育政策的贯彻实施。立法是影响早期教育的基本趋势之一，一系列法律文件对各级政府有关儿童及青少年的服务以及对儿童及青少年相关的保育教育标准做出严格和明确的规定，为英国早期教育事业发展提供政策与法律保障。

---

[1] 易凌云：《英国早期教育政策与实践的现状及其对我国的启示》，载《湖南师范大学教育科学学报》，2016（6）。略有改动。

表 3-1 1998—2014 年英国政府颁布的有关早期教育的主要文件及政策内容情况

序号	颁布年份	文件	主要内容
1	1998	《国家保育战略》（The National Childcare Strategy for England）	强调教育和保育的关系密切，不可绝对区分；并提出增设儿童保育机构、提高儿童保育质量、让家长都能负担得起儿童保育费用、为所有4岁儿童提供免费教育
2	1998	《确保开端项目》（Sure Start Programme）	从早期教育、儿童保育、家庭支持和医疗卫生方面提出具体的措施和办法
3	2003	《每个儿童都重要：为了孩子的变化》（Every Children Matters: Change for Children）	构建并完善了包括教育与技能部、卫生部、财政部、文化部和工商部等十几个部门跨部门合作的儿童服务体系，提出了儿童发展的5项指标，包括健康、安全、快乐并有所成就、做出积极贡献和达到良好的经济状况
4	2004	《儿童保育十年战略》（Choice for Parents, the Best Start for Children-A-Ten-year Strategy for Childcare）	对21世纪英国第一个十年早期教育发展的宗旨、原则、核心目标等做出了阐释与规划
5	2005	《早期奠基阶段规划》（The Early Years Foundation Stage）	一是在英国建立从出生开始的统一、连续而灵活的早期教育系统，旨在促进儿童早期的全方位发展与学习，改进儿童的生活质量；二是依法对早期儿童保教机构和个人实行强制注册，加强指导和监管，保证所有儿童在不同机构中都能获得高质量的早期教育；三是制定早期教育发展领域目标，包括身体、社会与情感发展，交往、语言和认读能力，问题解决、推理与计算能力，对世界的认识和理解，创造性发展等
6	2006	《儿童保育教育法》（Childcare Act）	英国第一部专门关注早期儿童和保育的法律，消除了为0～5岁儿童提供的早期教育及保育在法律上的区别，从2008年9月开始，学校、已注册的为0～5岁儿童提供儿童保育的场所等都需要履行"早期奠基阶段规划"义务，包括整合性学习，发展及护理

续表

序号	颁布年份	文件	主要内容
7	2007	《儿童计划：构建更美好的未来》（The Children's Plan: Building Brighter Futures）	制定了早期教育的5个主要原则和6个主要战略目标
8	2008	《早期奠基阶段法定框架：0～5岁儿童学习、发展和保育标准2008》（Statutory Framework for the Early Years Foundation Stage 2008: Setting the Standards for Learning Development and Care for Children from Birth to Five）	列出了0～5岁儿童发展的6个领域：个性、情感与社会性，沟通、语言和读写，身体，问题解决、原因和计数，理解世界，创造性，并将这6个领域细化为69个早期学习目标
9	2012	《早期奠基阶段法定框架：0～5岁儿童学习、发展和保育标准2012》（Statutory Framework for the Early Years Foundation Stage 2012: Setting the Standards for Learning Development and Care for Children from Birth to Five）	对2008年的版本做了修订，将原来的6个学习领域拆分为7个领域：个性、情感与社会性发展，沟通和语言发展，身体发展，特定领域包括读写、数学、理解周围世界、表现艺术和设计
10	2013	《早期奠基阶段档案手册》（Early Years Foundation Stage Profile Handbook）	总结和描述对儿童学习和发展的观察和评估要求，对评估的过程和方法做了介绍，增加了对幼儿学习与发展评估的直观有效性
11	2014	《早期奠基阶段法定框架：0～5岁儿童学习、发展和保育标准2014》（Statutory Framework for the Early Years Foundation Stage 2014: Setting the Standards for Learning Development and Care for Children from Birth to Five）	对2012年的版本做了修订，特别是对儿童学习与发展标准的评估和保障部分进行补充

注：以1998—2014年为主。

（三）日本的早期教育政策与法规

日本的福利模式强调家庭、个人和市场的共同责任，体现在婴幼儿托育服务方面则强调"家庭保育责任论"。随着少子化危机的日益加重，日本政府在2000年后开始积极介入儿童照顾领域，2010年后更加积极主动地承担儿童照顾责任，采取了一系列经济政策来鼓励生育。其0～3岁婴幼儿托育服务主要由厚生劳动省进行补助。除此之外，政府在托育设施、运营费用以及企业税费等方面对企业主导的托育场所给予财政补助。此外，日本还提供以产妇津贴、产假补助金、育儿假津贴、护理假津贴为主要形式的生育津贴与以家庭津贴和儿童津贴为主要形式的家庭津贴。

在2001年修订的《儿童福祉法》中，保育士资质被法定化，明确了保育士有"婴幼儿保育"和"对监护人进行保育指导"的义务。2008年修订的《保育所保育指针》单独设置了"监护人支援"的章节，明确了为监护人提供育儿支援是保育士的重要义务，体现了保育所在地区育儿家庭支援中的积极努力。2017年修订的《保育所保育指针》明确保育所是地区进行育儿支援设施之一，也是为监护人提供孩子从婴幼儿期到入学前阶段个体成长的保育实践场所。保育士应从深入理解孩子的视角出发，向监护人提供育儿支援。

日本保育所对申请入托儿童有较为严格的审批机制，在政策上向双职工家庭和有育儿困难的家庭倾斜。自2019年10月1日起，日本实行幼儿教育无偿化，免除3～5岁儿童在幼儿园、保育所以及认定儿童园托育的费用，对低收入、符合全托条件家庭中的0～2岁婴幼儿入托实行全免费。这一政策的推行切实减轻了低收入家庭的育儿经济压力，为发展公共托育提供了强有力的保障。

（四）韩国的早期教育政策与法规 [1]

1952年，韩国政府颁布的《厚生设施要纲》规定："托儿所是受家长委托保护参加工作的父母之子女进行临时或一定期间保育的福祉厚生机构。"1961年，韩国制定了《儿童福祉法》，规定托儿所属于儿童福利机构之一，其设立主体由国家、地方自治团体及法定代表人等组成，设立主体可以从民间、社会福利团体以及地方政府得到财政支援和补助。1968年3月，韩国公布了《未认可托儿设施临时措施令》，其目的在于迅速增加托儿所的数量以满足日益增长的社会需求。

20世纪80年代以后，韩国积极发展幼教事业，全面修订《儿童福祉法》，扩大了保育范围，改革了教育课程，强调幼儿教育的内容要适应时代的发展。20世纪80年代后半期，由于女性就业人数急剧增加，为解除女性员工的后顾之忧，政府制定了《岗位托儿制度》。1990年，韩国国会通过《婴幼儿保育法案》。1997年，韩国的《初等教育法》规定了设立幼儿园的目的，园长、园监、教师的任职资格和工作任务，规定了教师职称等级和晋升条件。2000年，韩国教育

---

[1] 参见易谨：《韩国儿童福利法律制度的历史发展与特色》，载《青年探索》，2012（4）。

部制定了《全国幼儿园课程》，该文件共分为两个部分：第一部分为课程计划与管理，第二部分为课程领域。它涉及教育内容、方法、幼儿园课程的组织与实施，各级教育部门及园所各方面职责、相互关系，以及课程的评价与质量监控。2004年，韩国颁布了《幼儿教育法案》，该法案明确规定，幼儿在入小学前可以免费享受一年的学前教育。低收入家庭可以获得政府幼儿教育补贴。

学习主题二　我国的早期教育政策与法规

学习初体验

近年来，我国0～3岁的婴幼儿教育获得长足的发展，但是也暴露出诸多问题。研究调查发现：0～3岁孩子入托困难，且托班的办班形式单一，以日托为主，临时托和半日托极少。另外，很多托班建筑面积小，设备差，很难满足家长的需求。为此，不少家长把目光投向了近年来市场上不断冒出的早期教育机构。

解决以上问题的关键是什么？

改革开放以来，为促进早期教育事业发展，顺应世界学前教育事业发展和早期教育政策的趋势，我国出台了一系列早期教育政策。

▶▶一、我国颁布的早期教育政策与法规

（一）集体福利性时期（1978—1987）

改革开放以后至20世纪80年代中期，我国的早期教育事业得到发展。这一时期的早期教育以工作组织和生产组织为提供主体。

1.《全国托幼工作会议纪要》（1979）

1979年7月24日—8月7日，经中央批准，教育部、卫生部、劳动总局、全国总工会和全国妇联联合召开了全国托幼工作会议。同年10月，中共中央、国务院转发了《全国托幼工作会议纪要》（以下简称《会议纪要》），对早期教育给予高度重视，强调"加强对婴幼儿的保健和教育工作，培养体魄健壮、品德良好和智力发达的后一代，是关系到国家和民族前途的根本大计。各级党委

我国早期教育政策法规

和各级政府应关怀和重视托幼事业，积极抓好这项工作"。《会议纪要》指出，为做好托幼工作，必须认真解决以下几个问题：加强托幼工作的统一领导和分工合作；积极解决托幼工作的经费和保教人员工资、劳动保险、福利待遇问题；坚持"两条腿走路"的方针，恢复、发展、整顿、提高各类托幼组织；建设一支又红又专的保教队伍；努力提高保教质量。

1980年1月，国务院托幼工作领导小组成立，办事机构设在全国妇联。从1979年7月全国托幼工作会议至1980年年底，全国有29个省、区、市建立了托幼工作领导机构和办事机构。这次会议把学前教育纳入政府的重要议事日程，确定了学前教育事业的发展方针，首次确立了由政府牵头、各部门共同管理的学前教育管理体制。

2.《城市托儿所工作条例（试行草案）》（1980）

1980年11月，卫生部颁发《城市托儿所工作条例（试行草案）》，确定了我国托儿所制度，明确了托儿所的性质。《城市托儿所工作条例（试行草案）》指出，托儿所是3岁前儿童的集体保教机构，必须贯彻实行以保为主、保教并重的方针，为把儿童培育成体格健壮、品德良好、智力发达的下一代打下基础。

3.《三岁前小儿教养大纲（草案）》（1981）

1981年6月，卫生部妇幼卫生局颁布《三岁前小儿教养大纲（草案）》，这是中华人民共和国成立后首次就0~3岁儿童的教育工作做出明确规范，具体提出了托儿所教养工作的教养目标、原则、内容和要求。该文件沿用至今，在提高托儿所的保教质量方面发挥了重要的指导作用。

4.《关于试行〈幼儿园教育纲要〉（试行草案）的通知》（1981）

1981年10月，教育部发布《关于试行〈幼儿园教育纲要〉（试行草案）的通知》。这是改革开放后第一个幼儿园课程标准，使幼儿园教育有章可循，起到了拨乱反正、提高教育质量的作用。在颁布该纲要的同时，教育部组织编写了幼儿园教材。

5.《关于明确幼儿教育事业领导管理职责分工的请示》（1987）

1987年10月，《关于明确幼儿教育事业领导管理职责分工的请示》发布，规定幼儿教育事业"必须在政府统一领导下"，实行"地方负责，分级管理"和"各有关部门分工负责"的原则，并明确了各部门的职责分工。该请示还规定幼儿园的行政领导由主办单位负责。这样，便调动了各部门管理学前教育工作的积极性，加强了各部门对学前教育的领导。

---

❶ 宁文祺、李安荣主编：《保教工作手册》，3页，沈阳，辽宁少年儿童出版社，1988。

（二）市场化时期（1980—2010）

20世纪80年代末，中国进入了以"市场化"为主要特征的改革时期，托幼事业也深受影响。在计划经济年代，单位不仅是国家对资源进行调配和控制的经济组织与具备政治动员功能的政治组织，还是代表国家为职工及其家庭提供多功能社会生活服务的社会组织，兼具社会福利保障。这一时期的托儿所分属不同部门管理，种类多样。而受社会转型影响，20世纪80年代末，单位职能开始发生转变，福利保障功能弱化。1984年，《中共中央关于经济体制改革的决定》提出将"增进企业活力"作为经济体制改革的中心环节，社会主义市场经济确立，单位制福利保障的功能消失。由单位提供的各种福利项目逐渐转为由其他社会组织承担，托幼服务便是其中之一。

1.《关于加强幼儿教育工作的意见》（1988）

1988年，国家教委等部门联合制定《关于加强幼儿教育工作的意见》，提出进一步推进幼儿教育事业健康发展的四条建议。

第一，动员和依靠社会各方面力量，通过多种渠道、多种形式发展幼儿教育事业。幼儿教育事业具有地方性和群众性。发展这项事业不可能也不应该由国家包起来，要依靠国家、集体和公民个人一起来办。在地方人民政府举办幼儿园的同时，主要依靠各部门、各单位和社会各方面的力量来办。幼儿园不仅有全民性质的，大量应属集体性质的，以及由公民个人依照国家法律及有关规定举办的。

第二，建立一支合格、稳定的幼儿园师资队伍。发展幼儿教育事业要从培养和提高师资入手。必须积极发展幼儿师范教育，同时抓紧在职教师的培训工作，以保证幼儿教育事业发展对师资的要求。

第三，端正办园指导思想，深化教育改革，全面提高保育、教育质量。幼儿园教育改革必须从更新不适应社会主义建设需要的陈旧教育观念入手，切实端正办园指导思想，使幼儿的身体素质、心理素质、品德和行为习惯得到健康发展，克服无视幼儿身心发展规律和特点的"小学化"倾向。

第四，明确职责，加强领导。坚持实行"地方负责，分级管理"和各有关部门分工负责的原则。各级教育部门在履行有关管理职责中，要注意从本地的实际出发，对各类幼儿园实行分类指导。要同妇联、工会等有关部门密切配合，协调一致，并要加强同各幼儿园主办单位的联系，共同努力，积极推动幼儿教育事业的健康发展。

2.《幼儿园工作规程（试行）》（1989）

1989年6月5日，国家教委发布《幼儿园工作规程（试行）》，1990年2月1日起施行。《幼儿园工作规程（试行）》规定了国家对幼儿园的基本要求和管理的基本原则，全面、系统地对幼儿园的保教工作做出了规定，以加强幼儿园的科学管理，规范办园行为，提高保育和教育质量，促进幼儿身心健康。《幼儿园工作规程（试行）》体现了新的教育观，引发了幼儿园课程和教学改革。

3.《幼儿园管理条例》（1989）

1989年8月20日，国务院批准了《幼儿园管理条例》，这是中华人民共和国第一个学前教育行政法规，也是针对幼儿园设立与管理的具有法律效力的条例，于1990年2月1日起施行。内容包括总则、举办幼儿园的基本条件和审批程序、幼儿园的保育和教育工作、幼儿园的行政事务、奖励与惩罚、附则，共6章32条款。它明确了地方人民政府发展和管理学前教育的职责，并首次以教育法规形式提出"国家实行幼儿园登记注册制度"，"各级教育行政部门应当负责监督、评估和指导幼儿园的保育教育工作"。从此，学前教育的评估工作在全国展开。

4.《中华人民共和国未成年人保护法》（1991）

1991年，第七届全国人民代表大会常务委员会第二十一次会议通过《中华人民共和国未成年人保护法》（以下简称《保护法》），自1992年1月1日起施行。这是我国第一部全面保护未成年人权益的国家法律，是我国未成年人保护工作步入法制轨道的标志，也是开展早期教育工作的重要法律依据。2006年12月29日，《保护法》由第十届全国人民代表大会常务委员会第二十五次会议修订通过，于2007年6月1日起施行。内容包括总则、家庭保护、学校保护、社会保护、司法保护、法律责任、附则，共7章72条款。2012年，《保护法》修正。2020年，《保护法》第二次修订。

5.《九十年代中国儿童发展规划纲要》（1992）

为响应1990年召开的世界儿童问题首脑会议通过的《儿童生存、保护和发展世界宣言》和《执行九十年代儿童生存、保护和发展世界宣言行动计划》，国务院1992年2月下发《九十年代中国儿童发展规划纲要》。妇女儿童工作协调委员会编制。共四部分：前言，九十年代我国儿童生存、保护和发展的主要目标，策略与措施，领导与监测。《九十年代中国儿童发展规划纲要》指出，"提高全民族素质，从儿童抓起"是中国社会主义现代化建设的根本大计，应在全社会倡导树立"爱护儿童，教育儿童，为儿童做表率，为儿童办实事"的公民意识。

6.《托儿所、幼儿园卫生保健管理办法》（1994）

为了加强对托幼机构保健工作的管理与监督，确保儿童的身心健康，1994年12月1日，卫生部、国家教委发布了《托儿所、幼儿园卫生保健管理办法》，以便对托幼机构实行统一管理和监督。2010年3月1日，卫生部部务会议审议通过《托儿所幼儿园卫生保健管理办法》，自2010年10月11日起施行，《托儿所、幼儿园卫生保健管理办法》被废止。

7.《关于企业办幼儿园的若干意见》（1995）

1995年9月19日，国家教委等部门联合下发《关于企业办幼儿园的若干意见》，以适应我国经济体制改革的日益深入和社会主义市场经济体制的建立，解决在当时企业转换经营机制过程中，学前教育工作面临的一些新情况和新问题，保证学前教育事业的健康发展。该意见包括坚持依靠社会力量发展幼儿教育的方针，有条件的企业应继续办好幼儿园；深化改革，积极稳妥地推进幼儿教育逐步走向社会化；各级政府和教育行政部门要加强对企业办园的业务指导；在城市规划建设中安排好幼儿园规划和建设；加强社区对幼儿教育的扶持与管理。

8.《幼儿园工作规程》（1996）

1996年3月9日，国家教委发布《幼儿园工作规程》，自1996年6月1日起正式施行。《幼儿园工作规程》包括总则、幼儿园入园和编班、幼儿园的卫生保健、幼儿园的教育、幼儿园的园舍与设备、幼儿园的工作人员、幼儿园的经费、幼儿园与家庭和社区、幼儿园的管理、附则，共10章62条款。2015年修订的《幼儿园工作规程》，并于2016年3月1日起施行，强调幼儿园教职工应当尊重、爱护幼儿，严禁虐待、歧视、体罚和变相体罚、侮辱幼儿人格等损害幼儿身心健康的行为。

9.《中国儿童发展纲要（2001—2010年）》（2001）

2001年5月22日，国务院颁布《中国儿童发展纲要（2001—2010年）》，按照"十五"计划的总体要求，从儿童与健康、儿童与法律保护、儿童与环境四个领域提出了2001—2010年儿童发展的目标和策略措施。提出的总目标是坚持"儿童优先"原则，保障儿童生存、发展、受保护和参与的权利，提高儿童整体素质，促进儿童身心健康发展。儿童健康的主要指标达到发展中国家的先进水平；儿童教育在基本普及九年义务教育的基础上，大中城市和经济发达地区有步骤地普及高中阶段教育；逐步完善保护儿童的法律法规体系，依法保障儿童权益；优化儿童成长环境，使困境儿童受到特殊保护。主要目标和策略措施包括以下几点。第一，儿童与健康：改善儿童卫生保健服务，提高儿童健康水平。第二，儿童与教育：保障儿童受教育权利，提高儿童受教育水平。第三，儿童与法律保护：完善和落实有关法律法规，依法保障儿童权益。第四，儿童与环境：改善儿童生存和发展环境，尊重并鼓励儿童积极参与。

10.《幼儿园教育指导纲要（试行）》（2001）

2001年7月2日，教育部印发《幼儿园教育指导纲要（试行）》，内容分为总则、教育内容与要求、组织与实施、教育评价等方面，将教育内容相对划分为健康、语言、社会、科学、艺术五大领域，强调要有机结合、相互渗透。总则指出幼儿园教育是基础教育的重要组成部分，是我国学校教育和终身教育的奠基阶段。城乡各类幼儿园都应从实际出发，因地制宜地实施素质教育，为幼儿一生的发展打好基础。幼儿园应与家庭、社区密切合作，与小学相互衔接，综合利用各种教育资源，共同为幼儿的发展创造良好的条件。幼儿园应为幼儿提供健康、丰富的生活和活动环境，满足他们多方面发展的需要，使他们在快乐的童年生活中获得有益于身心发展的经验。幼儿园教育应尊重幼儿的人格和权利，尊重幼儿身心发展的规律和学习特点，以游戏为基本活动，保教并重，关注个别差异，促进每个幼儿富有个性的发展。

11.《关于幼儿教育改革与发展的指导意见》（2003）

2003年3月4日，国务院办公厅转发教育部等部门（单位）《关于幼儿教育改革与发展的指导意见》，主要包括以下几点。

第一，幼儿教育改革与发展的目标。形成以公办幼儿园为骨干和示范，以社会力量兴办幼儿园为主体，公办与民办、正规与非正规教育相结合的发展格局。

第二，进一步完善幼儿教育管理体制和机制，切实履行政府职责。坚持实行地方负责，分级管理和有关部门分工负责的幼儿教育管理体制。

第三，加强管理，保证幼儿教育事业健康发展。

第四，全面实施素质教育，提高幼儿教育质量。

第五，加强师资队伍建设，努力提高幼儿教师素质。

第六，加强领导，保证幼儿教育改革与发展的顺利进行。

（三）公益普惠性时期（2010年至今）

2010年是我国早期教育政策与事业发展的重要转折点。学前教育整体大环境中"入园难""入园贵"的现象引起党和国家的重视。随着国家对学前教育事业的关注，学前教育的公益性和普惠性得到了强调，早期教育事业获得前所未有的发展。

1.《关于当前发展学前教育的若干意见》（2010）

2010年11月，国务院印发《关于当前发展学前教育的若干意见》，着力解决"入园难"问题，满足适龄儿童入园需求，促进学前教育事业科学发展。共包括十项意见，简称"国十条"。

第一，把发展学前教育摆在更加重要的位置。

第二，多种形式扩大学前教育资源。

第三，多种途径加强幼儿教师队伍建设。

第四，多种渠道加大学前教育投入。

第五，加强幼儿园准入管理。

第六，强化幼儿园安全监管。

第七，规范幼儿园收费管理。

第八，坚持科学保教，促进幼儿身心健康发展。

第九，完善工作机制，加强组织领导。

第十，统筹规划，实施学前教育三年行动计划。

以《关于当前发展学前教育的若干意见》为起点，早期教育服务作为公共服务的属性再次凸显。不同于第一阶段给予企业单位间接投入抑或是在农村举办集体的人民公社、生产队，国家以直接举办或资助私人市场形式推动托幼事业发展，并对早期教育公共服务体系构建进行了初步设想。自此，我国早期教育服务社会公益性属性逐步凸显，儿童早期教育是公共责任的理念开始浮现。

2.《中国儿童发展纲要（2011—2020年）》（2011）

2011年，《中国儿童发展纲要（2011—2020年）》全面实施，明确了未来十年中国儿童发展的总目标：完善覆盖城乡儿童的基本医疗卫生制度，提高儿童身心健康水平；促进基本公共教育服务均等化，保障儿童享有更高质量的教育；扩大儿童福利范围，建立和完善适度普惠的儿童福利体系；提高儿童工作社会化服务水平，创建儿童友好型社会环境；完善保护儿童的法规体系和保护机制，依法保护儿童合法权益。该文件对0~3岁儿童早期教育的目标也做了明确规定，促进0~3岁儿童早期综合发展，积极开展0~3岁儿童科学育儿指导，积极发展公益性普惠性的儿童综合发展指导机构，以幼儿园和社区为依托，为0~3岁儿童及其家庭提供早期保育和教育指导，加快培养0~3岁儿童早期教育专业化人才。该文件强调了学前教育的公益性和普惠性，明确了政府在发展0~3岁儿童早期教育上的责任。

3.《教育部办公厅关于开展0-3岁婴幼儿早期教育试点工作有关事项的通知》（2012）

2012年4月17日，《教育部办公厅关于开展0-3岁婴幼儿早期教育试点工作有关事项的通知》发布，通过对申报省市的选择，决定在上海市、北京市海淀区等14个地区开展0~3岁婴幼儿早期教育试点，以探索发展0~3岁婴幼儿早期教育的模式和经验。该通知指出，0～3岁婴幼儿早期教育试点要按照党的十八大"努力办好人民满意的教育"的总体部署和"办好学前教育"的要求，以科学发展观为指导，坚持公益普惠的基本方向，充分整合公共教育、卫生和社区资源，努力构建以幼儿园和妇幼保健机构为依托、面向社区、指导家长的婴幼儿早期教育服务体系。要以发展公益性婴幼儿早期教育服务为目标，落实政府在早期教育中的规划、投入和监管等方面责任，重点在婴幼儿早期教育管理体制、管理制度、服务模式和内涵发展等方面进行研究探索。

4.《托儿所幼儿园卫生保健工作规范》（2012）

2012年5月9日，卫生部印发《托儿所幼儿园卫生保健工作规范》，以加强托儿所、幼儿园卫生保健工作，切实提高托幼机构卫生保健工作质量。该文件强调托幼机构卫生保健工作的主要任务是贯彻预防为主、保教结合的工作方针，为儿童创造良好的生活环境，预防控制传染病，降低常见病的发病率，培养健康的生活习惯，保障儿童的身心健康。内容包括卫生保健工作职责、卫生保健工作内容与要求、新设立托幼机构招生前卫生评价、附件。其中，卫生保健工作内容与要求包括一日生活安排、儿童膳食、体格锻炼、健康检查、卫生与消毒、传染病预防与控制、常见病预防与管理、伤害预防、健康教育、信息收集。

5.《3-6岁儿童学习与发展指南》（2012）

2012年10月9日，教育部印发《3-6岁儿童学习与发展指南》（以下简称《指南》）。《指南》以儿童后继学习和终身发展奠定良好素质基础为目标，以促进儿童体、智、德、美方面的协调发展为核心，通过提出3～6岁各年龄段儿童学习与发展目标和相应的教育建议，帮助幼儿园教师和家长了解3～6岁儿童学习与发展的基本规律和特点，建立对儿童发展的合理期望，实施科学的保育和教育，让儿童度过快乐而有意义的童年。《指南》从健康、语言、社会、科学、艺术五个领域描述儿童的学习与发展。每个领域按照儿童学习与发展最基本、最重要的内容划分为若干方面。每个方面由学习与发展目标和教育建议两部分组成。目标部分分别对3～4岁、4～5岁、5～6岁三个年龄段末期儿童应该知道什么、能做什么，大致可以达到什么发展水平提出了合理期望，指明了儿童学习与发展的具体方向；教育建议部分列举了一些能够有效帮助和促进儿童学习与发展的教育途径与方法。《指南》着重强调了要充分认识生活和游戏对儿童成长的教育价值，严禁"揠苗助长"式的超前教育和强化训练，不应用一把"尺子"衡量所有儿童等先进教育理念。

6.《托儿所、幼儿园建筑设计规范》(2016)

2016年11月1日,《托儿所、幼儿园建筑设计规范》(JGJ 39-2016)开始实施。❶ 该规范的主要目的在于保证托儿所、幼儿园建筑设计质量,使建筑设计满足适用、安全、卫生、经济、美观等方面的基本要求。托儿所、幼儿园的建筑设计应遵循以下三条原则:第一,满足使用功能要求,有益于幼儿健康成长;第二,保证幼儿、教师及工作人员的环境安全,并具备防灾能力;第三,符合节约土地、能源,环境保护的基本方针。❷

7.《中共中央 国务院关于学前教育深化改革规范发展的若干意见》(2018)

2018年11月7日,《中共中央 国务院关于学前教育深化改革规范发展的若干意见》公布以进一步完善学前教育公共服务体系,切实办好新时代学前教育,更好实现幼有所育。意见包括以下几条。

第一,总体要求:到2035年,全面普及学前三年教育,建成覆盖城乡、布局合理的学前教育公共服务体系,形成完善的学前教育管理体制、办园体制和政策保障体系,为幼儿提供更加充裕、更加普惠、更加优质的学前教育;等等。

第二,优化布局与办园结构:科学规划布局、调整办园结构。

第三,拓宽途径扩大资源供给:实施学前教育专项、积极挖潜扩大增量、规范小区配套幼儿园建设使用、鼓励社会力量办园。

第四,健全经费投入长效机制:优化经费投入结构、健全学前教育成本分担机制、完善学前教育资助制度。

第五,大力加强幼儿园教师队伍建设:严格依标配备教职工、依法保障幼儿园教师地位和待遇、完善教师培养体系、健全教师培训制度、严格教师队伍管理。

第六,完善监管体系:落实监管责任、加强源头监管、完善过程监管、强化安全监管、严格依法监管。

第七,规范发展民办园:稳妥实施分类管理、遏制过度逐利行为、分类治理无证办园。

第八,提高幼儿园保教质量:全面改善办园条件、注重保教结合、完善学前教育教研体系、健全质量评估监测体系。

第九,加强组织领导:加强党的领导、健全管理体制、完善部门协调机制、

---

❶《托儿所、幼儿园建筑设计规范》已于2019年修订。
❷《托儿所、幼儿园建筑设计规范》2019年版,原则未改。

建立督导问责机制、研究制定学前教育法、营造良好氛围。

8.《国务院办公厅关于促进3岁以下婴幼儿照护服务发展的指导意见》(2019)

2019年,《国务院办公厅关于促进3岁以下婴幼儿照护服务发展的指导意见》发布,主要内容如下。

第一,基本原则:①家庭为主,托育补充;②政策引导,普惠优先;③安全健康,科学规范;④属地管理,分类指导。

第二,发展目标:到2020年,婴幼儿照护服务的政策法规体系和标准规范体系初步建立,建成一批具有示范效应的婴幼儿照护服务机构,婴幼儿照护服务水平有所提升,人民群众的婴幼儿照护服务需求得到初步满足。到2025年,婴幼儿照护服务的政策法规体系和标准规范体系基本健全,多元化、多样化、覆盖城乡的婴幼儿照护服务体系基本形成,婴幼儿照护服务水平明显提升,人民群众的婴幼儿照护服务需求得到进一步满足。

第三,主要任务:①加强对家庭婴幼儿照护的支持和指导;②加大对社区婴幼儿照护服务的支持力度;③规范发展多种形式的婴幼儿照护服务机构。

第四,保障措施:①加强政策支持;②加强用地保障;③加强队伍建设;④加强信息支撑;⑤加强社会支持。

9.《托育机构设置标准(试行)》(2019)

为建立专业化、规范化的托育机构,2019年,国家卫生健康委印发了《托育机构设置标准(试行)》,强调要坚持政策引导、普惠优先、安全健康、科学规范、属地管理、分类指导的原则,充分调动社会力量积极性,大力发展托育服务。该标准适用于经有关部门登记、卫生健康部门备案,为3岁以下婴幼儿提供全日托、半日托、计时托、临时托等托育服务的机构。该标准规定,托育机构设置应当综合考虑城乡区域发展特点,科学规划,合理布局。新建居住区应当规划建设与常住人口规模相适应的托育机构。老城区和已建成居住区应当采取多种方式完善托育机构,满足居民需求。城镇托育机构建设要充分考虑进城务工人员随迁婴幼儿的照护服务需求。鼓励通过市场化方式,采取公办民营、民办公助等多种形式,在就业人群密集的产业聚集区域和用人单位建设完善托育机构。发挥城乡社区公共服务设施的婴幼儿照护服务功能,加强社区托育机构与社区服务中心(站)及社区卫生、文化、体育等设施的功能衔接。该标准还对托育机构的场地设施和人员规模做了具体规定。

10.《托育机构管理规范(试行)》(2019)

为加强托育机构管理,2019年,国家卫生健康委印发了《托育机构管理规范(试行)》,强调坚持儿童优先的原则,要求最大限度地保护婴幼儿,确保婴幼儿的安全和健康。该规范在备案管理、收托管理、保育管理、健康管理、安全管理、人员管理、监督管理方面做了具体规定。例如,托育机构登记后,应当向机构所在地的县级以上卫生健康部门备案;托育机构工作人员应当具有完全民事行为能力和良好的职业道德,热爱婴幼儿,身心健康,无虐待儿童记录,无犯罪记录,并符合国家和地方相关规定要求的资格条件。该规范还包含了《托育机构备案书》《备案承诺书》《托育机构备案回执》《托育机构基本条件告知书》四个附件。

11.《托育机构登记和备案办法(试行)》(2019)

为规范托育机构的登记和备案管理,2019年,国家卫生健康委办公厅、中央编办综合局、民政部办公厅、市场监管总局办公厅制定了《托育机构登记和备案办法(试行)》。该文件要求举办托育机构的,应当按照本办法规定办理登记和备案。关于注册登记,举办事业单位性质的托育机构的,向县级以上机构编制部门申请审批和登记。举办社会服务机构性质的托育机构的,向县级以上民政部门申请注册登记。关于备案,县级卫生健康部门负责辖区内已登记托育机构的备案,托育机构应当及时向机构所在地的县级卫生健康部门备案,登录托育机构备案信息系统,在线填写托育机构备案书、备案承诺书,卫生健康部门在收到托育机构备案材料后,应当在5个工作日内提供备案回执和托育机构基本条件告知书。托育机构变更登记、注销登记后,应当及时登录托育机构备案信息系统向卫生健康部门变更备案信息或报送注销信息。

12.《托育机构保育指导大纲(试行)》(2021)

为贯彻落实《国务院办公厅关于促进3岁以下婴幼儿照护服务发展的指导意见》,加强婴幼儿照护服务专业化、规范化建设,满足婴幼儿照护服务发展需要,2021年国家卫生健康委组织制定了《托育机构保育指导大纲(试行)》。《托育机构保育指导大纲(试行)》共包括三章内容。第一章"总则"指出,托育机构保育是婴幼儿照护服务的重要组成部分,是生命全周期服务管理的重要内容。通过创设适宜环境,合理安排一日生活和活动,提供生活照料、安全看护、平衡膳食和早期学习机会,促进婴幼儿身体和心理的全面发展。托育机构保育应遵循尊重儿童、安全健康、积极回应、科学规范四条基本原则。第二章"目标与要求"强调托育机构保育工作应当遵循婴幼儿发展的年龄特点与个体差异，通过多种途径促进婴幼儿身体发育和心理发展。保育重点应当包括营养与喂养、睡眠、生活与卫生习惯、动作、语言、认知、情感与社会性等。第三章"组织与实施"指出，托育机构保育人员是保育工作的主要实施者，应当具有良好的职业道德和业务能力，身心健康。保育工作应当根据婴幼儿身心发展特点和规律，制订科学的保育方案，合理安排婴幼儿饮食、饮水、如厕、盥洗、睡眠、游戏等一日生活和活动，支持婴幼儿主动探索、操作体验、互动交流和表达表现，丰富婴幼儿的直接经验。

13.《托育机构负责人培训大纲（试行）》和《托育机构保育人员培训大纲（试行）》（2021）

为切实加强托育服务人才队伍建设，国家卫生健康委组织制定了《托育机构负责人培训大纲（试行）》和《托育机构保育人员培训大纲（试行）》❶，于2021年印发，并提出强化统筹规划、建设培训资源、加强培训监管三大要求。这两份培训大纲均对培训对象、培训方式、培训目标、培训内容、培训原则、培训考核做了具体规定。培养方式上建议采用理论和实践相结合、线上与线下相结合的方式，培训内容包括理论培训和实践培训两大方面，培训原则上包括岗位胜任、需求导向、多元方式三个原则，培训考核内容分为理论考试和实践技能考核两部分，各级卫生健康部门负责对培训效果进行抽查。

▶▶ 二、我国部分地区制定的早期教育的地方性政策与法规

（一）北京市制定的早期教育的地方性政策与法规

2001年6月22日，北京市出台了全国第一个学前教育地方性法规《北京市学前教育条例》来规范学前教育的发展。条例包括总则、学前教育责任、学前教育机构和从业人员、学前教育保障、法律责任、附则，共30条。条例明确指出学前教育机构应当注重促进学龄前儿童身体素质和心理素质的健康发展，养成良好的生活、卫生习惯；促进儿童的智力发展，培养儿童热爱祖国的情感以及良好的品德。条例规定举办学前教育机构必须符合下列条件：①办学地点安全，环境适宜；②有与学前教育要求相适应并符合国家规定的安全、卫生标准的房舍、设施和设备；③具备相应的举办资金；④具有符合国家

---

❶ 《托育机构保育人员培训大纲（试行）》亦作为早期教育教师专业标准于下一专题详述。

规定的任职资格和健康条件的工作人员。

北京市的多项早期教育政策都强调通过建设早期教育示范基地来推动早期教育事业的发展。2002年，北京市教委、市卫生局、市妇联联合下发了《关于开展社区0-3岁婴幼儿早期教育的意见》，提出重点建设社区儿童早期教育示范基地，形成社区早期教育服务网络。2003年12月，北京市教委下发《关于加强社区儿童早期教育示范基地建设的通知》，由政府出资建立以街道为依托的社区儿童早期教育示范基地。2006年6月，《北京市教育委员会关于做好北京市0-3岁儿童到早期教育示范基地接受免费教育的通知》发布，北京市教委和卫生局联合印制了"北京市0-3岁儿童免费教育卡"，持卡儿童可到北京市、区县早期教育示范基地参加两次免费教育活动；早期教育示范基地还向所有儿童及其家长提供早期教育讲座、早期教育咨询、亲子活动、入户指导等多种形式的早期教育活动。2020年，《北京市卫生健康委员会关于开展示范性托育机构创建工作的通知》发布，以加强托育机构管理、队伍建设、照护环境、安全保障、卫生保健、家长社区合作、照护活动为重点，在全市评选一批具有示范效应的托育机构，通过示范性托育机构创建工作，发挥先进单位的示范引领作用，提高全市托育机构照护服务质量，促进托育机构规范发展。北京市计划2020年至2025年建成不少于34家具有示范效应的婴幼儿照护服务机构，使全市每年接受6次以上科学育儿指导的适龄婴幼儿家庭占比达到80%。对于规模在1万人以上的新建居住区，按照不少于每千人4托位的配置，规划建设婴幼儿照护服务设施。在资金保障方面，优先支持社区型、普惠性婴幼儿照护服务机构，重点保障公益普惠性科学育儿指导活动、科学研究、人才培养和社区儿童中心建设。同时还将婴幼儿照护服务从业人员纳入急需紧缺人才培训规划范围，支持各区政府将婴幼儿照护服务纳入城乡社区服务范围。

（二）上海市制定的早期教育的地方性政策与法规

上海市自1999年以来陆续出台了许多早期教育的政策文件，在推进3～6岁幼儿教育发展的同时，着力开展0～3岁婴幼儿早期教育的研究与实践，并努力实施0～6岁托幼一体化教育改革。1999年，上海市出台了《关于推进上海市0～6岁学前教育管理体制改革的若干意见》，这是国内第一个0～6岁早期教育一体化建设意见。

2006年，上海市教委联合市卫生局、市民政局制定了《上海市民办早期教养服务机构管理规定》，对民办早期教养服务机构的举办者要求、设置条件、工作要求、教养内容、申办程序、收费、行政管理等内容进行了规定。2008年，上海市教委正式印发《上海市0-3岁婴幼儿教养方案》，详细规定了对0～3岁婴幼儿的教养内容及具体要求，并指出托幼机构和家庭是婴幼儿教养活动的主要组织与实施者；还要求保教人员和家长掌握0～3岁婴幼儿在发育与健康、感知与运动、认知与语言、情感与社会性等方面的观察要点和发展内容，为婴幼儿健康发展提供自然、健康、快乐的生活环境和条件。

2018年，上海出台了《关于促进和加强本市3岁以下幼儿托育服务工作的指导意见》及其配套文件。该意见指出市区两级政府要建立积极引导、齐抓共管的格局，其中，市政府研究制定总体规划，区政府负责落实、街镇负责综合监管，以促进发展、规范管理、保障质量，建立健全托育工作的管理体制与机制，促进托幼一体化发展，引导社会以多种形式提供托育服务，构建本市托育服务体系。

2020年，上海市政府颁布《上海市托育服务三年行动计划（2020—2022年）》，建设完善托育服务供给体系、管理体系、队伍建设体系和质量保障体系。扩大托幼一体规模，建立以社区为依托、机构为补充、普惠为主导的资源供给体系，完善规范有序、行业自律、合力共治的管理体制，打造一支素质优良、结构合理的托育服务队伍，构建教养医结合的专业化服务模式，提供多种形式的高质量科学育儿指导，努力让人民群众获得普惠、安全、优质的托育服务。

（三）南京市制定的早期教育的地方性政策与法规

南京在0～3岁婴幼儿托育服务方面的探索较早。2011年，南京明确由卫生和计生委牵头，各部门共同协助推动0～3岁婴幼儿早期发展工作。2012年，南京市政府发布《市政府办公厅关于推进南京市0—3岁婴幼儿早期发展工作的意见》明确南京市各区每年将重点培育1～2所全日制早期发展机构（育儿园），有效缓解"入托难"。2017年年初，南京市政府印发《市政府办公厅关于印发南京市0—3岁婴幼儿早期发展工作提升行动计划（2017—2020年）的通知》，鼓励、扶持社会力量兴办育儿园。从政策上，为托育服务营造良好发展环境，进一步理顺婴幼儿保育机构管理体制，明确并落实部门职责，简政放权、放管结合、优化服务。从实际举措上，制定配套措施，采取政府购买服务、以奖代补、用地租房优先等方式，引导、支持社会机构兴办育儿园。从行业的角度上，建立保育机构分级管理制度，制定全市婴幼儿保育机构示范标准，开展示范创建评估，促进行业健康发展。2019年12月，南京市政府发布《南京市婴幼儿保育机构管理办法（征求意见稿）》，强调保育机构发展应当遵循公益为主、普惠优先、安全健康、科学规范的原则，并对机构设立、机构管理、保育与发展、监督与检查、鼓励与扶持、法律责任等方面做出了具体规定，以进一步规范和加强本市婴幼儿保育机构的管理，促进保育服务事业健康发展。2020年，南京市政府发布《南京市婴幼儿托育机构管理办法》，指出托育机构发展应当遵循公益导向、普惠优先、安全健康、科学规范、属地管理、分类指导的原则，对托幼机构的设立和管理、托育和发展、监督检查三大方面的管理办法做了详细规定。

专题三　云测试

专题四 早期教育的教育者

学习目标

1. 认识到家庭教育和早期教育机构对婴幼儿发展的重要性。
2. 了解家庭教育的特点和内容，掌握家庭教育的原则和方法。
3. 了解早期教育教师的专业素养要求，理解早期教育机构的任务和原则。
4. 能正确开展早期教育工作，并能为家庭教育提供科学指导。

思维导图

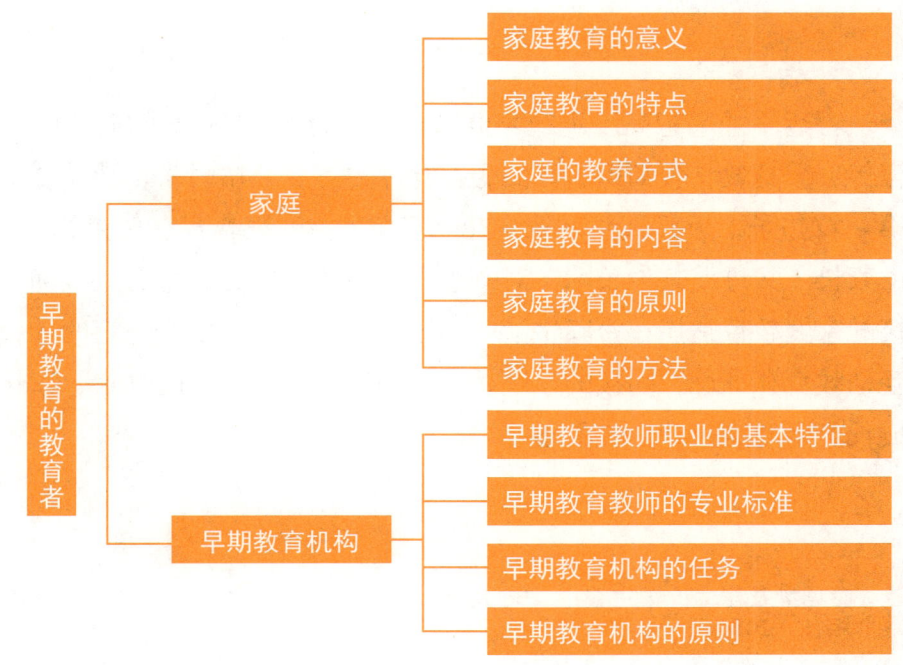

互动交流

对于婴幼儿而言，家庭和早期教育机构是他们成长的重要环境，家长和教师是他们成长过程中的重要人物。因此，正确发挥家庭和早期教育机构的作用，对婴幼儿的成长具有重要意义。对此你有哪些想法？

_____
_____
_____

学习主题一　家庭

学习初体验

四枚鸡蛋：第一枚放在篮子里，时间久了，壳是好的，打开，里面臭了；第二枚浸在盐水罐里，一段时间后，壳变了些颜色，煮熟后成了香喷喷的咸鸡蛋；第三枚泡在醋瓶子里，几天后，壳变软了，一搅拌，溶成了一团；第四枚放在母鸡肚子底下，有一天壳被啄裂，钻出来一只可爱的小鸡。❶

为什么同样的鸡蛋却有不同的结果呢？

_____
_____
_____

习近平总书记高度重视家庭教育。习近平总书记强调，"广大家庭都要重言传、重身教，教知识、育品德，身体力行、耳濡目染，帮助孩子扣好人生的第一粒扣子，迈好人生的第一个台阶"❷。家庭教育一般是指在家庭生活中，由家长（父母或其他长辈）对孩子进行教育。家庭教育有直接和间接之分。直接的家庭教育是指在家庭生活中，家长与孩子之间根据一定的社会要求实施的互动教育和训练；间接的家庭教育是指家庭环境、家庭气氛、家长言行对孩子成长产生的潜移默化的熏陶。

---

❶ 参见樊发稼、少军主编：《中国儿童文学新经典　寓言卷》，234页，济南，山东教育出版社，2016。

❷ 习近平：《在会见第一届全国文明家庭代表时的讲话》，5页，北京，人民出版社，2016。

一、家庭教育的意义

家庭教育对个体发展具有非常重要的作用。陈鹤琴十分强调家庭教育对儿童的影响。他认为在人一生中首先接触的是家庭。孩子在家长那里学会谈话，认识周围事物，其性格和行为习惯等都是在家长的影响下形成的。福禄培尔也认为与其说国家的命运操纵在掌权者手中，倒不如说握在母亲的手中。《墨子》有言："染于苍则苍，染于黄则黄。"[1] 0～3岁是人生熏陶变化的开始，人的许多基本能力是在这个年龄段形成的。这一阶段的孩子对家长的依赖最大，受到家庭教育的影响也较为突出。家长的言行会在潜移默化中传递给孩子，影响孩子的身心发展，家长的教育观念、文化修养、教育方法以及家庭的文化氛围都对孩子各方面的发展产生影响。

（一）家庭教育观影响婴幼儿的人格发展

家长能否放弃权威，平等对待孩子直接影响孩子是否拥有独立人格。如果家长把孩子当作自己的附属物或私有财产，那么，孩子就会形成怯懦、依赖、没有主见的性格。如果家长能认识到孩子是独立的、有思想的个体，主动摒弃成人的权威，怀着一颗平等、尊重的心与孩子真诚交流，孩子就会形成独立、有主见的人格。

（二）家长的文化修养影响婴幼儿的认知发展

不少家长认为自己的文化知识水平低，于是就放弃了家庭教育的责任，把家长的职责等同于保姆，只是满足孩子的衣、食、住、行等生活需要。其实，家长才是孩子的第一任教师，家庭教育在孩子成长中起着至关重要的作用。如果家长能够有意识地加强自身文化修养，家庭里就会形成一种学习进取的环境氛围。这对孩子的认知发展具有巨大的促进作用。

（三）家庭教育方法影响婴幼儿的行为发展

家长在教育孩子的过程中必然会遇到各种各样的问题，要妥善解决这些问题，家长就必须运用科学、合理的教育方法。当孩子提出难以回答的问题时，如果家长不懂装懂，或用严厉的话压制孩子，就会挫伤孩子提问的积极性，阻碍其思考问题、解决问题能力的发展。反之，如果家长实事求是地告诉孩子，等请教了别人再告诉他，或与孩子一起寻找答案，这样的教育方法就能保护孩子的好奇心。

---

[1] 戴红贤译注：《墨子》，11 页，太原，书海出版社，2001。

（四）家庭文化氛围影响婴幼儿的品德发展

孩子来到这个世界上，首先是从家长那里学会认识世界的。家长的一言一行、家庭环境的氛围，每时每刻都会对孩子的情感、气质、行为、道德、个性等方面产生影响。如果家长感情融洽、关系和谐，爱孩子但不娇惯孩子，孩子会感到轻松自如，能自发地陶醉于充满乐趣的创造活动之中。如果家长能够用自己的模范行为去影响、感染孩子，孩子就会在耳濡目染、潜移默化中形成正确的人生观，养成良好的品德习惯。

▶▶ 二、家庭教育的特点

（一）早期性

家庭是儿童生命的摇篮，是人出生后接受教育的第一个场所，即人生的第一个课堂；家长是孩子的第一任教师，即启蒙之师。所以，家长对孩子所施的教育最具有早期性。一般来说，孩子出生后经过三年的发育，进入幼儿时期，3～6岁是学龄前期，也就是人们常说的早期教育阶段，是人的身心发展的重要时期，人的许多基本能力是这个年龄阶段形成的，如语言表达、基本动作以及某些生活习惯等。美国心理学家布鲁姆认为，如果把一个人17岁达到的智力水平算作100%，那么4岁时就达到了50%，4～8岁又增加了30%，8～17岁又获得了20%。[1] 可见，5岁以前是孩子智力发展最迅速的时期，也是进行早期智力开发的最佳时期。古往今来，在幼年时期受到良好的家庭教育是许多人成才的一个重要原因。反之，人在幼年时期若得不到良好的家庭教育，可能会影响其智力的正常发展。

（二）连续性

孩子出生后，从小到大，几乎有2/3的时间生活在家庭之中，接受着家长的教育。这种教育是在有意和无意、计划和无计划、自觉和不自觉之中进行的，不管是以什么方式在什么时间进行教育，都是家长以自身的言行影响着子女。这种教育对孩子的生活习惯、道德品行、谈吐举止等不停地给予影响和示范，伴随着人的一生。这种终身性的教育往往反映了一个家庭的家风，家风的好坏往往要延续几代人，甚至十几代，而且这种家风往往与家庭成员从事的职业有关，如"杏林世家""教育世家"等。同时，家风又反映了一个家庭的学风，学风的好坏也往往延续几代人。

---

[1] 参见邱章乐、杨春鼎：《潜能教育》，97～98页，北京，线装书局，2013。

(三）权威性

家庭教育的权威性是指家长在孩子身上所体现出的权力和威力。家庭的存在确定了家长与孩子间的血缘关系、抚养关系、情感关系，孩子在伦理道德和物质生活的需求方面对家长有很大的依赖性，家庭成员根本利益的一致性决定了家长对孩子有较大的制约作用。家长的教育易于被孩子接受和服从，家长合理地使用这一特点，对孩子良好品德和行为习惯形成是很有益处的，对于幼儿来说，尤其是这样。孩子与其他小朋友玩耍，当出现争执情况时，往往引用家长的话来证实自己的言语行为是对的。家长在孩子心目中的权威性决定着孩子如何看待接受幼儿园学校及社会的教育。孩子与家长的关系，是孩子最先面临的一种重要的社会关系。这种关系几乎体现在社会人伦道德的各个方面。如果这种关系出现裂痕和缺陷，孩子之后走向社会，会在各种人际关系中将其反映出来。强调家长权威的重要是因为家长在孩子幼年时代始终扮演着双重角色：既是孩子安全生存的保护者，又是孩子人生启蒙的向导。家长教育的效果如何，就看家长树立权威的程度。家长的权威必须建立在尊重孩子人格的基础上。明智的家长懂得树立权威的重要性，更懂得权威的树立不能靠压制、强求、主观臆断，而应采用刚柔相济的方法。家长在教育孩子的态度上应协调一致，相互配合，应宽则宽，应严则严，在孩子面前树立起一个慈祥而威严的形象，使孩子容易接受家长的教育。

（四）感染性

家长与孩子之间的亲缘关系使家长的喜怒哀乐对孩子有强烈的感染作用。孩子对家长的言行举止往往能心领神会，以情通情。在处理发生在周围身边的人与事的关系和问题时，孩子对家长所持的态度很容易产生共鸣。在家长高兴时，孩子也会参与欢乐；在家长表现出烦躁不安和闷闷不乐时，孩子的情绪也容易受影响。如果家长缺乏理智、感情用事、脾气暴躁，孩子也常常会盲目地吸收其弱点。家长在处理一些突发事件时，如果惊恐不安、惊慌失措，会对孩子产生不好的影响；如果处变不惊、沉稳坚定，会对孩子心理品质的培养起到积极的作用。

（五）及时性

家庭教育是家长在家庭中对孩子进行的个别教育，比幼儿园、学校教育要及时。家长与孩子朝夕相处，对他们的情况可以说是了如指掌，孩子身上稍有变化，即使是一个眼神、一个微笑都能使家长心领神会。家长可以通过孩子的一举一动、一言一行及时掌握孩子的心理状态，发现孩子身上存在的问题，及时教育，及时纠偏，把不良行为习惯消灭在萌芽状态之中。而幼儿园、学校之中，教师面对着几十个孩子，只能针对这个年龄阶段的孩子进行共性教育，也就是群体教育。因时间及精力有限，教师不可能每个孩子都照顾周全，容易出现顾此失彼的现象，甚至因此使孩子对教师产生不信任感。因此，家长对孩子进行正确的家庭教育既可以使孩子在进入幼儿园之前形成良好的行为习惯，为接受集体教育奠定基础，又可以弥补集体教育的不足。

▶▶ 三、家庭的教养方式

家庭是孩子最初的生活场所，孩子的社会性发展首先从家庭开始。通过家庭成员特别是家长的抚养与教育，孩子逐渐获得了知识和技能，掌握了各种行为规则和社会规范。在诸多影响孩子社会化发展的家庭因素中，家长的教养方式是较为重要的一个。正是通过家长对孩子的教养行为，社会的价值观念、行为方式、态度体系及社会道德规范才会被传递给孩子。一般来说，可以把家长的教养方式归纳为两个维度：一是家长对待孩子的情感态度，即接受—拒绝维度；二是家长对孩子的要求和控制程度，即控制—容许维度。在接受—拒绝维度的接受端，家长以积极、肯定、耐心的态度对待孩子，尽可能满足孩子的各项要求；在接受—拒绝维度的拒绝端，家长常以排斥的态度对待孩子，对他们不闻不问。在控制—容许维度的控制端，家长为孩子制订了较高的标准，并要求他们努力达到这些要求；在控制—容许维度的容许端，家长宽容放任，对孩子缺乏管教。根据这两个维度的不同组合，可以形成四种教养方式：权威型、专断型、放纵型和忽视型。不同的教养方式无疑会对孩子的社会性发展和个性形成产生重大影响。具体可见表4-1。

表4-1 不同教养方式对儿童的影响

教养方式	维度类型	可能结果
权威型	接受+控制	儿童期：心情愉悦，幸福感；高自尊和高自我控制
		青少年期：高自尊，高社会和道德成熟性；高学术和学业成就
专断型	拒绝+控制	儿童期：焦虑，退缩，不幸福感；遇到挫折易产生敌对感
		青少年期：与权威型相比，自我调整和适应较差；但与放纵型和忽视型相比，常有更好的在校表现
放纵型	接受+容许	儿童期：冲动，不服从，叛逆；苛求，依赖成人；缺乏毅力
		青少年期：自我控制差，在校表现不良；与权威型或放纵型相比，易产生不良行为
忽视型	拒绝+容许	儿童期：在依赖、认知、游戏、情绪和社会技巧方面存在缺陷；攻击性行为
		青少年期：自我控制差，在校表现不良

（一）权威型教养方式

这是一种理性、民主的教养方式。权威型的家长认为自己在孩子心目中应该有权威。但这种权威来自家长对孩子的理解与尊重，来自他们与孩子的经常交流及对孩子的帮助。家长以积极、肯定的态度对待孩子，及时热情地对孩子的需要、行为做出反应，尊重并鼓励孩子表达自己的意见和观点。同时，他们对孩子有较高的要求，对孩子不同的行为表现奖惩分明。这种高控制且在情感上偏于接纳和温暖的教养方式，对孩子的心理发展有许多积极影响。这种教养方式下的孩子独立性较强，善于自我控制和解决问题，自尊感和自信心较强，喜欢与人交往，对人友好。

（二）专断型教养方式

专断型家长要求孩子绝对地服从自己，希望孩子按照他们为其设计的蓝图去成长，希望对孩子的所有行为都加以保护和监督。这一类也属于高控制型教养方式，但在情感方面与权威型教养方式有显著的差异。这类父母常以冷漠、忽视的态度对待孩子，很少考虑孩子自身的要求与意愿。他们对孩子违反规则的行为表示愤怒，甚至采取严厉的惩罚措施。这种教养方式下的孩子常常表现出焦虑、退缩和不快乐。这些孩子与同伴交往时遇到挫折，易产生敌对反应。青少年时期，在专断型教养方式下成长的孩子与在权威型教养方式下成长的孩子相比，自我调节能力和适应性都比较差。但有时他们在校的表现比放纵型和忽视型教养方式下的孩子好，而且在校期间的反社会行为也较少。

（三）放纵型教养方式

这类家长和权威型家长一样对孩子报以积极、肯定的情感，但缺乏控制。家长放任孩子自己做决定，即使他们还不具有这种能力。例如，任由他们自己安排饮食起居，纵容他们贪玩。家长很少向孩子提出要求，如不要求他们做家务也不要求他们学习效果良好；对他们违反规则的行为采取忽视或接受的态度，很少发怒或训斥他们。在这样的教养方式下成长的孩子大多不成熟。他们随意发挥自己的能力，往往具有较强的冲动性和攻击性，而且缺乏责任感，合作性差，很少为别人考虑，自信心不足。

（四）忽视型教养方式

这类家长对孩子既缺乏爱的情感和积极反应，又缺少行为方面的要求和控制，因此亲子间的互动很少。他们对孩子缺乏基本的关注，对孩子的行为缺乏反馈，且容易流露厌烦、不愿搭理的态度。如果孩子提出物质等方面易于满足的要求，家长可能会对此做出应答；然而对于那些耗费时间和精力的长期目标，如培养其良好的学习习惯、恰当的社会性行为等，这类家长很少去完成。在这种教养方式下成长的孩子与在放纵型教养方式下成长的孩子一样，具有较强的攻击性，很少替别人考虑，对人缺乏热情与关心。这类孩子在青少年时期更有可能出现不良行为问题。

▶▶ 四、家庭教育的内容

（一）增进健康

众所周知，身体健康是个体生长发展的基础与前提，对于还处于生命初期的婴幼儿来说，拥有健康的身体才能适应并生存于自然的环境中。因此，家长应帮助他们养成良好的生活卫生习惯和激发他们积极参加体育活动的兴趣，如给予婴幼儿合理的膳食喂养，保证充足的营养摄入；对婴幼儿的日常生活给予细心照料，并预防常见疾病；有目的地培养婴幼儿的安全意识；对婴幼儿进行适当的身体训练，促进婴幼儿四肢与躯干运动能力的发展，有效提升婴幼儿运动的协调性和灵活性，促进粗大动作与精细动作的协调发展，以促进婴幼儿的生长发育。基于此，0～3岁婴幼儿家庭教育的主要内容有以下几点。

第一，帮助孩子养成良好的生活习惯，使孩子能按时睡觉，学会整理自己的床铺；饮食定时定量。细嚼慢咽，不把饭菜掉在桌上，不挑食。

第二，帮助孩子养成良好的卫生习惯，使孩子能做到饭前便后洗手，如厕有规律，吃饭不挑食，保持服饰和环境的整洁，保证坐下、站立、行走、阅读、绘画的姿势是正确的。

第三，帮助孩子养成基本的生活自理能力，让孩子明白自己的事情自己做，如穿衣穿鞋、洗手吃饭、脱衣睡觉等。

第四，帮助孩子了解必要的安全知识，能认识常用的安全标志，掌握自我保护的常用方法。

第五，教育孩子不害怕体检、预防接种、打针、吃药。

第六，激发孩子对体育活动的兴趣，引导孩子参加户外活动，发展动作，增强体质。

（二）发展智力

有关脑科学的研究发现，外界环境刺激与感官学习能够促进婴幼儿早期的大脑神经细胞的发展，从而促进大脑的发育。家长提供各类有益于感官刺激的机会，有助于培养孩子积极动脑的习惯。家长应注重培养孩子的学习兴趣和动脑、动手、动口的习惯，促进孩子智力发展。具体包括以下几点。

第一，培养孩子的求知欲和探究精神，鼓励孩子发现问题、提出问题、寻求问题的答案，提高孩子的思维能力。

早期家庭教育的内容

第二，引导孩子观察周围环境，掌握从上往下、从左往右、从里往外等观察的方法，提高观察力。

第三，经常和孩子一起看图书，给孩子讲故事，鼓励孩子大胆想象、自由讲述，培养孩子良好的学习习惯，促进孩子想象力的发展。

第四，教育孩子学会认真倾听他人讲话，不随便打断别人的讲话，乐于讲述自己身边的事情，能用语言表达自己的思想和需求。

第五，为孩子提供丰富的游戏材料和玩具，做孩子游戏的伙伴，使孩子的智力在游戏中得到开发。

（三）养成品德

陈鹤琴指出，人之所以异于其他的动物，就是因为人是一种社会性的动物，教育的目的是使个体更好地适应社会。因此，家长应培养孩子具有良好的品德行为和习惯。具体包括以下几点。

第一，教育孩子学会关心周围的人，培养孩子对家长、教师的爱心，萌发孩子爱集体、爱家乡、爱祖国的情感。

第二，引导孩子学会使用文明礼貌用语，形成诚实、勇敢、勤劳、俭朴的美德。

第三，教会孩子与同伴交往的方法，使孩子学会与同伴共同合作、友好相处。

第四，培养孩子的责任感，使孩子做事情有责任心。

第五，要求孩子爱护公物。

第六，培养孩子的自尊心、自信心，使孩子拥有大方、乐观、豁达的性格。

（四）提高美感

提高孩子美感的意义在于注意发展孩子发现美、感受美、表现美的情趣，培养孩子创造美的能力，促使其形成活泼、愉快、开朗的个性，具体包括以下几点。

第一，经常带孩子参观美术馆、博物馆，游览名胜古迹，开阔眼界，增长见识。

第二，多陪孩子到大自然中去欣赏美、感受美，萌发对大自然的热爱之情。

第三，多和孩子一起听音乐、画画、折纸、弹琴、唱歌、跳舞，培养孩子对艺术活动的兴趣。

第四，鼓励孩子用不同方式表达自己对美的感受和喜爱，提高孩子的审美能力。

（五）发展语言

0～3岁是个体语言发展至为关键的阶段，家长要抓住这个阶段培养他们语言表达能力和理解能力，积累词汇量和培养语感。个体的语言发展不是一蹴而就的，需要经历"听—发音—模仿练习—理解语言—运用语言"的过程，按照"前语言阶段（0～9个月）—语言理解阶段（9～12个月）—口语表达阶段（1岁以后）"的顺序发展。家长应在了解个体语言发展的客观规律的基础上，为孩子提供丰富的语言环境，通过亲子阅读、念儿歌等方式，在生活中开展丰富的语言教育活动。

▶▶ 五、家庭教育的原则

（一）安全性原则

孩子天生充满好奇心。在对外部世界进行探索时，他们可能会做出一些危险动作。因此，家长除了用心照看，更应该适时提醒他们注意安全，帮助他们建立安全意识。家长还应该定期排查家中可能会出现危险的角落，如给电源插头安装保护套，给有直角的低柜安装防撞条，把药品等放在他们接触不到的地方。其他常见的事项有：轻轻关门，当心夹手；不在狭小的房间里追逐跑，谨防跌倒或撞伤；玩具、小珠子不能放在嘴巴里；外出游玩时要跟在家长身边，不能随便乱跑；等等。

（二）适度性原则

在家庭教育中，家长对孩子提要求时应注意把握好教育的尺度，既要给予适度的关爱，也要有教育的底线和边界。执行适度性的教育原则，能帮助孩子从小形成做事有尺度、凡事都要适度的观念。比如家长看到孩子有某个需求时，既不能一味地满足，也不能事事拒绝，应根据实际情况考虑清楚是不是需要满足。有需要的就可以满足；不应该满足的就应该立场坚定，向孩子表明自己的态度并说明不能满足的原因，切记不能因为他们没得到满足而发脾气或哭闹就给予妥协、失去底线。家长应注意对孩子的教育做到爱中有度，没有要求的爱是溺爱。家长对孩子提出的要求应当简明、合理、及时、适度，不能苛求孩子。

（三）一致性原则

家庭中各种教育力量只有协调一致，才能促进孩子的健康成长。家长应做到在对孩子教育的问题上，所有家庭成员之间要保持教育观念的统一，既包括父母之间的观念统一，也包括父母与其他长辈之间的观念统一。只有当家庭成员的教育观念统一时，孩子的品德和行为才能按照统一的要求发展。家庭成员对孩子的学习习惯、行为规范、生活自理等进行目标设定时，应事先达成一致的意见。在对孩子开展教育时，家庭成员应做到互相协作，即使有不同观点，也不要在孩子面前表现出来，可以事后再交换意见，并达成教育理念的统一。这样可以给孩子营造一个良好的家庭氛围，更有助于孩子良好品性的稳定发展。例如，对于2岁左右的孩子到处涂涂画画的行为，家长总是持有不同的观点，有的家长认为应该将笔放在孩子拿不到的地方，防止孩子乱涂乱画，有的家长认为应该给予支持。有的家长会针对孩子涂涂画画这一行为进行沟通，共同查阅资料，最终达成一致意见，为涂鸦期的孩子提供蜡笔等绘画材料进行涂鸦，满足这个阶段孩子的需要。

（四）差异性原则

每个孩子都是一个独立的个体，由于遗传因素和家庭环境不同，每个孩子的身心发展水平也不同。热爱孩子是教育孩子的前提。家长应做到了解、理解孩子，关心、爱护孩子，尊重、信任孩子。家长应当在了解孩子年龄特点的基础上，分析孩子的具体发展情况，正视和理解不同孩子之间的差异；在对孩子进行教育时，要从孩子的实际情况出发，根据孩子兴趣和需要、能力、性格等特点，有针对性地给予适宜的教育与培养，促进孩子发展。例如，孩子对拼物品比较感兴趣，家长可以给孩子提供材料，鼓励孩子拼摆出多种物体图形。

家长应该要善于发现孩子身上的闪光点，帮助孩子建立自信心，促进孩子心智的成长。不能只看到孩子不足的地方且给予过多指责，这样会让孩子对自己丧失信心，从而变得胆怯懦弱，错误评价自己，进而影响自我价值观的形成。家长对孩子的信任与尊重是促使他们健康成长的动力和源泉。

▶▶ 六、家庭教育的方法

（一）讲解说理法

家长可以通过讲解、谈话、讨论等形式对孩子讲道理，提高孩子的认识，帮助孩子形成正确的观点。家长在运用讲解说理法时，应注意目的明确、生动有趣、把握时机、和蔼可亲、不哄不骗。例如，家长带孩子参加他人的生日活动时，教孩子学会说"生日快乐"的祝福语；在带孩子给长辈拜年时，教孩子学会说"新年快乐，身体健康"的恭贺话语，使孩子知道在不同的时间和场合，要用不同的语言对别人表示祝贺。

（二）榜样示范法

榜样示范法指家长通过自己的行为举止，为孩子树立好的榜样，以模范行为影响孩子。班杜拉通过波波玩偶实验指出，孩子是通过观察进行学习的。榜样示范法强调家长的行为示范，因为这往往比口头教导来得直观有效，更易于孩子接受。家长在运用榜样示范法时，首先要注意所塑造行为的目的性是否明确，是否能让孩子关注并进行有兴趣的学习和模仿。家长应注意榜样示范法的使用不仅要运用伟人典范来激励、教育孩子，还要用家长自身的榜样来启发、感染孩子，以身示教。例如，家长要求孩子不乱扔纸屑、不随地吐痰，那么，自己就要先做到这些。另外，家长要注意是否示范到位。例如，指导孩子练习新学习的内容，建立完整的动作概念，家长需要做一次完整的动作示范。有时候也需要动作示范和讲解结合，一边做动作，一边进行讲解。

（三）表扬奖励法

家长对孩子好的行为表现要及时给予肯定评价，以激励孩子。家长在运用表扬奖励法时，应注意表扬要具体、及时、有效，重点表扬孩子付出的努力，运用多种方式表扬孩子，注重对孩子进行精神奖励。例如，孩子看到其他小朋友摔倒了，第一时间就跑过去抱抱摔倒的小朋友，并摸摸他，安慰他。这个时候，家长可以表扬孩子是一个有爱心的小朋友。

（四）批评惩罚法

家长对孩子的不良言行应做出否定评价，以纠正孩子的缺点和错误。家长运用批评惩罚法时，应注意批评孩子要及时、恰当，不打骂孩子，重点是让孩子从错误中吸取教训，不致再犯。例如，孩子抢了别的小朋友的玩具，家长应该批评他这样做不对、不礼貌，告诉他如果想玩别人的玩具，可以友好地和别人商量，或用自己的玩具去和别人交换。

（五）提醒暗示法

家长可以用含蓄的方式，间接地对孩子的行为做出提醒和暗示。家长运用提醒暗示法时，应注意不仅要根据具体情况选用表情暗示、言语暗示、动作暗示，而且还要综合运用这些方式，以取得预期的教育效果。例如，孩子将垃圾随手扔在了地上，家长顿时皱起了眉头，以表达对孩子行为的不满。

（六）实践练习法

家长可以有计划地组织各种活动，让孩子接受实际锻炼，养成良好的品德行为习惯。家长运用实践练习法时，应注意广泛开展多种活动，给孩子提供反复练习的机会；制订必要的家庭规则；委托孩子完成一定的任务。例如，家长可以鼓励孩子把玩完的玩具放回原处，以培养孩子的收纳习惯和规则意识。

（七）陶冶熏陶法

家长可以通过创设和利用有益、有趣的环境，对孩子进行感染和熏陶，寓教于情境之中。家长在运用陶冶熏陶法时，应注意利用人格感化、环境熏染、艺术陶冶等手段，来达到家庭教育的目的。例如，在春节到来之前，家长和孩子一起贴窗花、摆放工艺品，以提高孩子的审美能力。

> **相关链接**
>
> **陈鹤琴家庭教育之普通教导法的十一大原则** ❶
>
> 1. 对于教育小孩子，做父母的最好用积极的暗示，不要用消极的命令。
> 2. 积极的鼓励比消极的刺激好得多。
> 3. 小孩子好模仿，做父母的一方面要以身作则，另一方面还要替他选择环境以支配他的模仿。
> 4. 做父母的不可常常用命令式的语气去指挥他们的小孩子。
> 5. 做父母的不应当对小孩子多说"不！不！"事属可行，就叫他行，事不可行，禁止他行。
> 6. 别人做好的事情或坏的事情的时候，做父母的应当以辞色来表示赞许或不赞许的意思给小孩子听，给小孩子看。
> 7. 我们应当按照小孩子的年龄知识而给予适当的做事动机。
> 8. 待小孩子不要姑息也不要严厉。
> 9. 不要骤然命令小孩子停止游戏或停止工作。
> 10. 做父亲的应当同小孩子作伴侣。
> 11. 游戏式的教育法。

学习主题二　早期教育机构

> **学习初体验**
>
> 杨女士因自己2岁的孩子无人照料，便在小区里找了一家招收2~5岁幼儿的教育机构托管孩子。该机构由民房改建而成，学费是每人每月2500元。转了一圈，看着厨房里正在熬着的中药以及旁边放着的孩子们的午餐，杨女士迟疑了。当杨女士问及该机构是否在有关部门注册时，负责人表示，只在街道办事处进行了备案。杨女士又问食物、卫生、消防安全如何保证。负责人信誓旦旦地保证："我们都是有经验的，放心！"
>
> 看完此案例，你有哪些想法？

---

❶ 参见陈鹤琴：《家庭教育——怎样教小孩》，32~52页，北京，教育科学出版社，1994。略有调整。

目前，早期教育机构良莠不齐，家长该如何为孩子选择早期教育机构呢？家长在选择早期教育机构的时候，一定要对办学条件、师资力量等进行详细考察。

早期机构教育是指在专门为婴幼儿及其家长提供专业指导服务的教育机构中实施的教育。早期教育教师是专指在早期教育机构中，利用专门的设施，按照特定的章程，对婴幼儿实施教育行为的专业人员。

一、早期教育教师职业的基本特征

（一）专门性

"专门职业"的三个基本特征是：第一，其成员采用的方法与程序有系统的理论知识和研究作为支持；第二，其成员以服务对象的利益为压倒一切的任务；第三，其成员不受专业外势力的控制和限定，有权做出"自主的"职业判断。❶ 早期教育教师应被视为专门职业，因为早期教育教师要求有系统的专业理论知识作支撑，有专门的能力作保证；要求以"儿童利益高于一切"作为行动的原则；要求能"专业自主"，能运用专业知识独立进行判断、决策。

（二）示范性

党的二十大报告指出："加强师德师风建设，培养高素质教师队伍，弘扬尊师重教社会风尚。"因为教师劳动与其他劳动的一个不同之处就是示范性。一方面，教师职业要求教师要"学高为师""身正为范"。❷ 另一方面，婴幼儿可塑性强、好模仿且具有强烈的"向师性"心理，教师的一言一行对婴幼儿都有示范作用，并产生着潜移默化的深远影响。因此，早期教育教师应注重自身言行举止，在婴幼儿面前树立良好的榜样。

（三）创造性

早期教育教师职业具有创造性，主要表现在：第一，教师要做到因材施教，针对每个婴幼儿的个体特点进行教育，使每个婴幼儿都能在原有水平上得到发展；第二，教学有法，但无定法，教师需要根据不同的情况创造性地选择和运用教育方法；第三，教师要有教育机智，面对突发的教育情境能迅速、恰当地做出正确判断，随机应变，因势利导。

（四）复杂性

早期教育教师的劳动不是一种简单的劳动，而是一种复杂的劳动，主要表

---

❶ 参见高慎英：《教师成为研究者"教师专业化"问题探讨》，载《教育理论与实践》，1998（3）。
❷ 顾之川主编：《新编语文教育术语手册》，264页，上海，上海交通大学出版社，2018。

现在：第一，教育目的的全面性——早期教育教师要培养身心全面和谐发展的人；第二，教育任务的多样性——早期教育教师既要对婴幼儿实施保育和教育，还要给家长提供育儿指导；第三，教育对象的差异性——婴幼儿在发展水平、速度等方面存在个体差异，教师不仅要了解婴幼儿发展的年龄特点，更要了解每个婴幼儿的特点，因材施教。

▶▶ 二、早期教育教师的专业标准

早期教育教师是开展早期教育活动的主导者之一，具有很强的专业性。《托育机构设置标准（试行）》规定："保育人员主要负责婴幼儿日常生活照料，安排游戏活动，促进婴幼儿身心健康，养成良好行为习惯。保育人员应当具有婴幼儿照护经验或相关专业背景，受过婴幼儿保育相关培训和心理健康知识培训。"《育婴员国家职业技能标准》《托育机构保育人员培训大纲（试行）》都对早期教育教师提出了较为详细的专业要求。

（一）《育婴员国家职业技能标准》（2019）

《育婴员国家职业技能标准》对育婴员的具体要求包括职业道德、基础知识、工作要求三个方面，具体内容如表4-2。

表4-2 《育婴员国家职业技能标准》中的基本要求

职业道德	1. 职业道德基础知识 2. 职业守则
基础知识	1. 0～3岁婴幼儿教养基本理念 2. 0～3岁婴幼儿生长发育基础知识 3. 0～3岁婴幼儿日常生活照料和护理基础知识 4. 0～3岁婴幼儿日常生活中教育的基础知识 5. 安全工作常识 6. 相关法律、法规知识
工作要求	1. 生活照料 2. 保健与护理 3. 健康与管理 4. 教育实施 5. 指导与培训

（二）《托育机构保育人员培训大纲（试行）》（2021）

2021年，国家卫生健康委印发了《托育机构保育人员培训大纲（试行）》，提出"通过培训，使参训保育人员熟悉托育服务法规与政策，树立法治意识与规范保育思想；学习保育工作的基本技能与方法，强化安全保育意识；掌握婴幼儿早期发展与回应性照护的知识与策略，提升科学保育素养"的培训目标，并列出了理论和实践两个方面的培训内容，具体内容如表 4-3。

表 4-3 《托育机构保育人员培训大纲（试行）》培训内容

理论培训内容	1. 法律法规和政策文件	《中华人民共和国未成年人保护法》《中华人民共和国母婴保健法》《中华人民共和国母婴保健法实施办法》《托儿所幼儿园卫生保健管理办法》等相关法律法规；《国务院办公厅关于促进3岁以下婴幼儿照护服务发展的指导意见》《托育机构设置标准（试行）》《托育机构管理规范（试行）》《托育机构保育指导大纲（试行）》《托育机构婴幼儿伤害预防指南（试行）》《婴幼儿喂养健康教育核心信息》等相关政策文件
	2. 职业道德	职业规范，职业责任，儿童权利保护，专业认同，人文素养，心理健康等
	3. 专业理念	儿童观，保育观，医育结合理念等
	4. 卫生保健知识	卫生与消毒，物品管理，生长发育监测，体格锻炼，心理行为保健，婴幼儿常见病预防与管理，传染病预防与控制，健康信息收集
	5. 安全防护	食品安全知识，环境与设施设备防护安全，婴幼儿常见伤害预防与急救，意外事故报告原则与流程等
	6. 生活照料	各月龄营养与喂养要点，进餐照护，饮水照护，睡眠照护，生活卫生习惯培养，出行照护等
	7. 早期发展支持	婴幼儿生理、心理发展知识，婴幼儿个体差异与支持，特殊需要婴幼儿识别与指导，活动设计与组织等
	8. 沟通与反思	日常记录与反馈，与家庭、社区沟通合作，家庭、社区科学养育指导，保育实践反思等
实践培训内容	1. 卫生消毒	活动室、卧室等室内外环境卫生清扫、检查和预防性消毒，抹布、拖布等卫生洁具的清洗与存放，床上用品、玩具、图书、餐桌、水杯、餐巾等日常物品的清洁与预防性消毒
	2. 健康管理	晨午检及全日健康观察，运动和体格锻炼，健康行为养成，计划免疫宣传与组织等
	3. 疾病防控	发热、呕吐、腹泻、惊厥、上呼吸道感染等常见疾病的识别、预防与护理，手足口、疱疹性咽炎、水痘、流感等婴幼儿常见传染病的识别、报告与隔离，贫血、营养不良、肥胖等营养性疾病，先心病、哮喘、癫痫等疾病婴幼儿的登记和保育护理
	4. 安全防护	窒息、跌倒伤、烧烫伤、溺水、中毒、异物伤害、动物致伤、道路交通伤害等常见伤害急救技能，地震等重大自然灾害的逃生流程与演练，火灾、踩踏、暴力袭击等突发事件的预防与应急处理

续表

实践培训内容	5. 饮食照护	膳食搭配，辅食添加，喂养方法，进餐环境创设，进餐看护与问题识别，独立进餐、专注进食、不挑食等饮食习惯培养，辅助婴幼儿水杯饮水等
	6. 睡眠照护	睡眠环境创设，困倦信号识别，睡眠全过程观察、记录与照护；规律就寝、独立入睡等睡眠习惯培养，睡眠问题的识别与应对，婴幼儿睡眠的个别化照护等
	7. 清洁照护	刷牙、洗手、洗脸、漱口和擦鼻涕等盥洗的方法，便器的使用方法，尿布/纸尿裤/污染衣物的更换，便后清洁的方法，如厕习惯培养，婴幼儿大、小便异常的处理等
	8. 活动组织与支持	一日生活和活动的安排，生活和活动环境的创设与利用，活动材料的配备，动作、语言、认知、情感与社会性等活动的组织与实施，游戏活动的支持与引导，婴幼儿行为观察与分析，婴幼儿需求的识别与回应等

三、早期教育机构的任务

（一）开展早期教育活动

早期教育机构的首要任务是遵循国家有关早期教育的政策法规和婴幼儿身心发展规律，对婴幼儿实施适宜有效的教育活动，促进婴幼儿身心健康、全面、和谐发展。早期教育机构要开展富有特色、丰富多彩的早期教育活动，就需要结合早期教育实践和社区早期教育的需要，不断研究早期教育活动方案，形成适合不同年龄段和不同家庭的早期教育活动计划和课程体系。因此，早期教育机构必须开展早期教育教研活动，邀请早期教育专家培训教师，提升活动课程开发能力，提高早期教育的质量。

（二）提供家庭教育指导

早期教育机构的服务对象除了婴幼儿，还有婴幼儿的家长。早期教育机构要为家长提供家庭教育的指导，帮助家长树立正确的早期教育理念，传授科学的早期教育方法。早期教育机构可以邀请家长成立家长委员会，通过亲子活动、专题会议、讲座等形式，定期与家长沟通交流，解答家长关于早期教育的疑惑，做好早期教育的家长工作，做到家园教育一体化，促进早期教育的有效性。早期教育机构还须与社区合作，定期开展早期教育入户指导。入户指导要特别针对0～3岁婴幼儿的家庭或处境不利的家庭开展，了解这些家庭的婴幼儿接受早期教育的问题与困难，及时提出解决对策，帮助这些家庭更好地开展家庭早期教育或让处境不利的婴幼儿顺利接受早期教育。

早期教育机构的任务

（三）协助培养早期教育师资

早期教育机构的师资队伍情况直接决定了其开展早期教育的质量，教师从事早期教育的能力和水平影响家长对早期教育机构的认知态度。目前，我国早期教育机构的师资水平良莠不齐，尤其是从事 0～3 岁婴幼儿早期教育的机构，其教师大多是非教育专业出身，缺乏系统的教育教学训练，且流动性大。因此，早期教育机构必须通过开展定期培训、专题研究等形式加强教师队伍建设，提升教师的教学能力。

▶▶ 四、早期教育机构的原则

（一）满足婴幼儿发展需求

早期教育机构应尊重和满足婴幼儿发展的各种需求，如游戏的需求、情感的需求、认知和语言发展的需求等。早期教育机构应努力营造温馨的家庭式环境，给婴幼儿充分的关爱。例如，2 岁婴幼儿初进早期教育机构，由于对环境的不适应，常常哭闹。教师应理解和接纳他们的情感，满足他们的情感需求，可以说"哭一会儿就好了""老师等你一会儿，我们一起做游戏"，并用搂抱等方式给予情绪安慰。

（二）观察、了解婴幼儿

早期教育机构的教师要在观察、了解婴幼儿发展的基础上给予适宜、有效的教育。例如，学会观察婴幼儿的一般行为：他们对哪些事物感兴趣，他们是用什么方式与周围环境互动的，他们提出了什么问题，是否产生了认知冲突，解决问题的困难是什么，等等。同时，早期教育机构的教师也要观察、了解婴幼儿的学习特点、认知规律、多元智能的差异以及个性特点等。

（三）重视自然教育

早期教育机构应重视自然环境对婴幼儿发展的重要影响。例如，提供能爬行自如、独自活动、平行活动、小群体活动的空间；提供生活中的真实物品，让婴幼儿摆弄、操作；利用阳光、空气、水等自然因素，开展户外锻炼；提供丰富的语言环境，在生活中随时随地与婴幼儿进行沟通交流。

（四）因材施教

早期教育机构应根据每个婴幼儿的不同发展水平和特点，实施个别化的教育。例如，与婴幼儿面对面、一对一地进行交流，让每个婴幼儿都能学习适合自己"最近发展区"的课程。另外，创设与同龄、异龄伙伴交往的机会，创设小集体一起阅读、一起游戏的机会，对婴幼儿发展也是有积极意义的。

相关链接

上海市蓬莱路幼儿园托班"十多十少"教育原则

1. 多分散，少集中。在托班幼儿的日常活动中，尽量避免不必要的集中，如一起喝水、一起进行同一个游戏等，大部分的日常活动宜分散进行。

2. 多自由，少规则。托班幼儿在日常活动中做不到也不能理解大量的规则，教师应多给他们自由，让他们在自由活动的过程中通过榜样习得规则。

3. 多活动，少坐地。托班幼儿只有在活动中才能有所发展，只有在活动中的学习才能有所提高。因此，要避免因怕出危险而让幼儿少活动、多坐的教育行为。

4. 多大动作，少小动作。2～3岁正是幼儿大动作发展的关键期，因此，幼儿在教养活动中要多进行大动作的运动。

5. 多室外，少室内。在托班日常活动的安排中，教师要让幼儿多接触空气、阳光、水和一些自然生长物如草、树，这样有利于幼儿的健康成长。

6. 多关爱，少说教。教师要多以关爱代替说教，让幼儿知道正确的言行。空洞的说教对幼儿来说是不起作用的。

7. 多参与，少指示。教师要以同伴的身份参与活动，作为幼儿直观的学习榜样，而少给口头的指令。

8. 多观察，少期望。教师在日常教养工作中要多观察幼儿，根据幼儿的现有水平设立"最近发展区"，少对幼儿提出期望目标。

9. 多奖励，少评价。奖励是激发托班幼儿潜力的最有效手段，是建立良好自尊和自信的源泉。及时表扬奖励幼儿，能使幼儿更快地成长。

10. 多综合，少单科。"生活即教育"，在托班的教养活动中，每一项生活照料都蕴含着丰富的教育成分。幼儿在日常生活中能获得大量的经验，这是单科教育所无法实现的。

专题四　云测试

专题五　早期教育的课程

学习目标

1. 了解早期教育课程的概念及要素。
2. 领会早期教育课程的特点及早期教育课程在婴幼儿发展中的作用。
3. 掌握早期教育课程目标制定的要求，并能合理制定课程目标。
4. 知道早期教育课程内容的选择与组织、实施。
5. 知道早期教育课程评价的内容并学会运用标准进行评价。
6. 了解早期教育典型课程方案。

思维导图

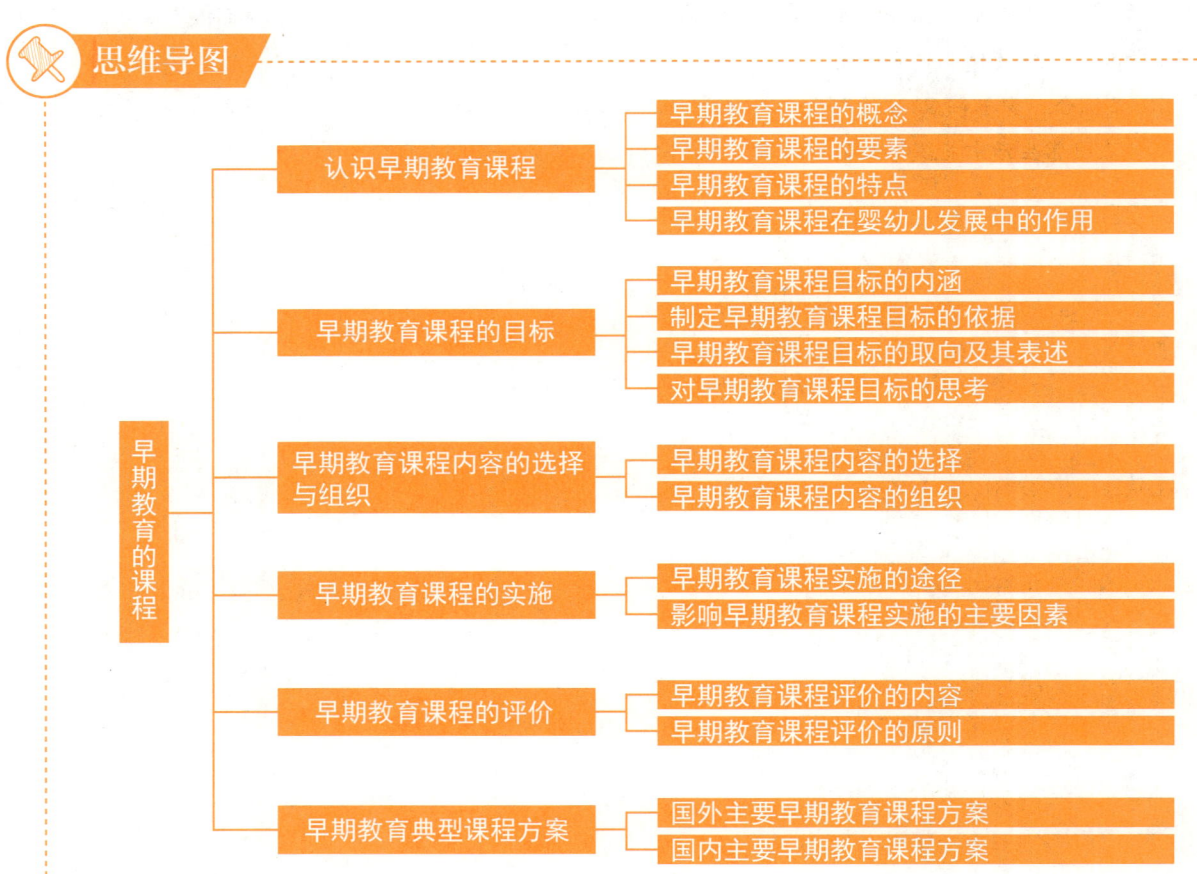

互动交流

早期教育课程是什么？其不同于学前课程的特点是什么？构建早期教育课程应该考虑哪些因素？在借鉴已有的早期教育课程模式时要关注什么？对这些问题，你有什么想法？

学习主题一　认识早期教育课程

学习初体验

教师："你了解你实习的早期教育机构的课程吗？"

学生A："我没看到课程，指导教师说没有固定的课程。"

学生B："参考机构总部研发的课程。"

……

课程是实现教育目标的中介和重要载体，那么什么是课程呢？什么是早期教育课程呢？

▶▶ 一、早期教育课程的概念

关于早期教育课程，不同的人有不同的理解。教育先驱者提出了先进的早期教育课程观，如陈鹤琴在《家庭教育——怎样教小孩》自序中说："我们知道幼稚期（自出生至七岁）是人生最重要的一个时期，什么习惯，语言，技能，思想，态度，情绪都要在此时期打一个基础，若基础打得不稳固，那健全的人格就不容易形成了。"[1] 在目前的早期教育实践中，早期教育工作者也逐渐开始关注婴幼儿的全面发展。一些课程强调创设一个自然环境来鼓励婴幼儿自发游戏，并把这种自发游戏作为婴幼儿情感和智力等方面发展的主要方式；一

---

[1] 陈鹤琴：《家庭教育——怎样教小孩》，9～10页，北京，教育科学出版社，1994。

些课程关注婴幼儿社会性、语言、动作、认知等领域的发展。对婴幼儿全面发展的关注具有把婴幼儿早期教育和教给年龄较大儿童基本知识与技能的大多数教育形式区分开来的显著特征。具体而言，课程建立在人们对游戏是婴幼儿学习与发展不可缺少的组成部分以及游戏必须成为早期教育课程不可或缺的组成部分等观点的理解的基础之上。

> **相关链接**
>
> 早期教育课程，是为婴幼儿以及家长共同设计的教育方案。其特殊性在于，在促进婴幼儿能力的同时，也包含了面向家长的育儿指导。也就是说，它是一种婴幼儿教养与家长教育并举的课程。

综上所述，早期教育课程指的是针对婴幼儿设计的学期教养计划，是实现早期教育目的的手段，帮助婴幼儿获得有益的经验，促进婴幼儿生长和发展的一切活动的总和。基于0～3岁婴幼儿的身心发展特点，早期教育课程把婴幼儿教育中的若干要素进行科学合理的组织，并转化为各种类型的教养活动。一般来讲，早期教育机构的活动安排以生活活动和自选游戏为主，更关注婴幼儿个体在需求、动机和能力上的差异，集中教育活动相对较少，每次集中活动的时间也较短，10分钟左右，而且强调渗透在每日的生活和游戏中。

▶▶ 二、早期教育课程的要素

早期教育课程和所有课程一样，一般包括课程目标、课程内容、课程组织、课程实施和课程评价。

（一）课程目标

课程目标是具体化的教育目的，指明了学习者通过课程学习应该达到的效果。在整个课程设计过程中，它决定着课程内容的选择和组织，是人们实施课程的依据，也是评价课程的准则。它是课程设计的核心。早期教育课程的目标是对婴幼儿在一定时间内学习效果的预期，是婴幼儿教育目的的具体化。

（二）课程内容

课程内容是依据目标以及相应年龄段的学习者身心发展的规律与特点而选定的学习者能够学习并应该学、适宜学的知识范畴，其中包括概念、方法、态度和技能的学习等。早期教育课程的内容致力于让每个婴幼儿尽可能发掘自然赋予的生存技能，帮助其开发智力、学会交往、树立自信。

（三）课程组织

课程组织是将课程内容按照一定的序列予以编排，构成比较可行的教育方案或计划的过程。课程组织在实践中有各种表现形态，有政府制定和颁布的教育指导纲要，也有地方政府颁布的课程计划，或者是专家学者和早期教育工作者编写的课程文本方案（或教材），还包括具体的教育活动方案。

（四）课程实施

课程实施是把静态的课程方案转化为动态的课程实践的过程，也是教师依据课程计划组织幼儿活动的过程。课程实施时，教师应注重通过动作、语言、认知、情感与社会行为五大能力协助婴幼儿全面发展。

（五）课程评价

课程评价是对课程进行考察和分析，以确定其价值和适宜性的过程。课程评价的主要目的是了解课程的适宜性和有效性以便调整、改善课程，以提高早期教育的质量。课程评价由于分类标准不同，有不同的种类。从时间上划分，有形成性评价和总结性评价之分。形成性评价是在课程运作过程中进行的，总结性评价主要在课程实施后进行。

课程目标、课程内容、课程组织、课程实施、课程评价组成课程编制的循环系统，它们相互作用、相互影响，推进着课程的不断改进和完善。

▶▶ 三、早期教育课程的特点

早期教育课程与幼儿园课程相比，无论是内容还是形式都有着很多相似之处。婴幼儿的学习和发展特点也决定了早期教育课程的特点。

（一）游戏性

游戏是婴幼儿的基本活动。游戏是课程实施的途径。婴幼儿的游戏中蕴含着丰富的教育价值，能让婴幼儿在其中生动活泼、积极主动地学习与发展。依据0~3岁婴幼儿的身心发展特点，早期教育课程注重引导婴幼儿在适龄有趣的游戏中体验学习的快乐。适龄有趣的游戏包括看看摸摸、听听说说、唱唱跳跳、涂涂画画、做做玩玩等。"重复"是0~3岁婴幼儿最好的学习方式，不断重复和反复的探索不仅让婴幼儿在动作、语言等方面得到了锻炼，而且满足了他们的心理需求，帮助他们建立了自信，形成了记忆，建构了认知。但是需要注意的是，游戏不是一味地迁就，任由婴幼儿随意地玩。在婴幼儿游戏的过程中，教师应把握学习契机，不断引导和协助婴幼儿，让婴幼儿在"螺旋式地重复"的游戏中学习。

（二）直接经验性

基于其思维特点和学习特点，0~3岁婴幼儿必须借助具体的情境、具体的事物，在参与、探索和交往中学习。所以，早期教育课程的实施，主要是为婴幼儿在一日活动中获得直接经验而进行的，要为婴幼儿创设丰富的活动情境，创设有利于婴幼儿自发、主动探索的活动氛围，为婴幼儿提供各种探究与互动的机会。

（三）生活性

一日生活中的各项活动皆为课程。生活是早期教育课程设计和实施的现实背景。早期教育课程的内容来源于生活，课程中所获得的经验要能运用于生活。对婴幼儿来说，一些基本的生活卫生习惯、生活自理能力、与人相处的态度及基本的常识等都需要在这一阶段学习。而婴幼儿思维的直观性和形象性，决定了只有与婴幼儿生活相联系的经验，婴幼儿才能接受和领悟，才能将其纳入自身的认知结构中。例如，在吃、喝、睡、玩等生活环节中，婴幼儿通过与成人以及所接触的饭菜、碗筷、衣帽、玩具等事物发生互动，积累感知经验，学会技能，养成基本习惯，获得身心发展。在进餐过程中，教师可以对婴幼儿进行营养教育，简明地告诉婴幼儿食物的营养、颜色、形状等。这样既可激起婴幼儿的食欲，又能促进他们在认知水平、言语水平、情感倾向等方面的发展。

（四）互动性

互动性是指教师与婴幼儿之间的关系，合理互动强调对婴幼儿尊重的、及时回应式的以及双向互惠的交流方式，这样能促进教师与婴幼儿之间良好关系的建立。托育机构的各类教育活动都离不开教师与婴幼儿之间的互动。例如，在一日生活活动中，为低月龄段的婴幼儿换尿不湿，为年龄小或者进餐能力弱的婴幼儿提供帮助。

（五）差异性

0～3岁婴幼儿阶段是个体身心迅速发展的阶段。教师应尊重0～3岁婴幼儿的身心发展基本特征，把握每个月龄阶段的发展潜能和相应的保教重点，如针对4～6个月的婴幼儿，在动作方面，需要练习翻身、主动伸手抓握玩具等。教师应以婴幼儿每个月龄段的发展重点为中心，且关注婴幼儿本身的发展差异和个体间的差异；顺应婴幼儿的学习特点，适时引导他们在丰富的、适宜的环境中自然发展、整体发展、全面发展。

▶▶ 四、早期教育课程在婴幼儿发展中的作用

（一）早期教育课程促进婴幼儿身体的发展

身体发展对婴幼儿来讲特别重要，婴幼儿在营养、睡眠、运动等方面都有着特殊的要求。这些要求能否得到满足，会直接影响婴幼儿的发展。而婴幼

早期教育课程在婴幼儿发展中的作用

生命中的最初两年是通过肌肉活动和运动来学习的，正是通过对发展中的技能的不断练习，婴幼儿才逐渐强化和协调自身的肌肉和神经系统，并学会控制自己的身体。同样，婴幼儿也需要有机会促进小肌肉技能的发展，婴幼儿抓取、扔掉、拖拉、推、投掷等行为都可以支持这种发展。因此，教师应避免使用对婴幼儿造成束缚的各类工具，给予婴幼儿四处活动和运用技能的自由。

在早期教育课程中，教师要把促进婴幼儿身体发展放在首位，注重保育和教育的结合，把满足婴幼儿身体需要看成满足其他需要的前提和基础。早期教育课程需要密切注意通过环境、活动和教师的参与来为婴幼儿提供促进大肌肉发展的机会。

（二）早期教育课程促进婴幼儿创造性的发展

在婴幼儿身上，创造性是自然而然地发生的。只要有蕴含着丰富的探索机会和探索自由的环境，婴幼儿就可以发现运用玩具和材料的独特方式。他们在观察和探索新的材料时，产生的好奇心应该受到珍视和培养。

早期教育课程就是在教师的支持下，为婴幼儿提供时间和空间，让他们逐步接触一些材料，以自己的方式进行探索。这对许多婴幼儿来说特别好玩，如涉及水、沙子的活动。当然，对于婴幼儿来说，他们参与活动的过程比结果更为重要。

（三）早期教育课程促进婴幼儿认知的发展

当婴幼儿生活在安全而充满爱心的环境中，并能够接触到与他们的感知运动发展相适宜的经验时，他们的认知发展可以很好地得到促进。

皮亚杰关于前运算阶段和具体运算阶段婴幼儿的思维和学习能力的论述，为教师设计促进婴幼儿认知发展的课程提供了理论基础。早期教育课程在认知方面照顾婴幼儿的年龄特点和发展需要，积极促进婴幼儿认知的发展。

（四）早期教育课程促进婴幼儿语言的发展

语言几乎是婴幼儿所做的每一件事情都会涉及的。婴幼儿之间彼此互动时，他们与教师、媒介、活动及不同的材料互动时，各种语言形式包围着他们。所以，语言成为婴幼儿早期教育课程的重要组成部分。

早期教育课程的每个方面都可以促进婴幼儿语言的发展。例如，教师重视婴幼儿所讲的内容，并认真地倾听；与婴幼儿谈论在活动中所做的事情，回应婴幼儿的语言表达；标记和讨论他们所熟悉的物体和经验；通过唱歌、玩手指游戏、讲故事等方式来鼓励婴幼儿的语言发展。这些对于婴幼儿的语言发展很有好处。可以说，婴幼儿在一日生活中参与的活动都可以促进他们的语言发展。

（五）早期教育课程促进婴幼儿社会性的发展

婴幼儿的社会性发展包括情感、接纳、赞许、归属、成功和安全等。这些需要是个人的，但又必须在与他人的关系中才能获得。自出生起，婴幼儿就在寻求社会接触，他们更倾向于和周围的人交往。对于婴幼儿来说，安全、接纳是十分重要的需要，直接影响婴幼儿的心理成长和心理健康。因此，在促进婴幼儿的社会性发展中，教师的一个主要任务是提供敏感的照料，给婴幼儿以安全感和信任感。婴幼儿阶段的社会心理需要是其日后所面临的更为复杂多样的社会心理需要的基础，具有重要的意义。因此，早期教育课程的设计一定是以促进婴幼儿心理健康成长为出发点的。教师应将促进婴幼儿社会性发展的内容渗透在整个早期教育课程之中。

早期教育课程就是要在共同的生活和活动中，以多种方式引导婴幼儿认识、体验并理解基本的社会行为规则，学习自律和尊重他人，促进其心理健康成长。

学习主题二　早期教育课程的目标

学习初体验

早期教育课程目标在早期教育目的与早期教育课程之间起衔接作用，使早期教育的特定价值观能在课程中得以体现。早期教育课程目标的确定，使早期教育课程编制的方向能得以明确，使课程内容的选择和组织以及课程的实施和评价等与课程目标成为一个有机的整体。

那么，早期教育课程的目标是什么呢？

▶▶ 一、早期教育课程目标的内涵

早期教育课程目标是选择早期教育课程内容、实施教学策略的依据，也是早期教育课程评价的标准。

相关链接 ▶▶▶▶▶

早期教育课程的目标可以归为两类：一是倾向于家长教育，主要是帮助家长掌握育儿知识以及正确的教育方法；二是倾向于婴幼儿教育，主要是开发婴幼儿的潜能，促进其身心发展。

二、制定早期教育课程目标的依据

课程目标的制定需要考虑各种依据，一般来说，婴幼儿发展、当代社会生活以及学科知识是制定课程目标的依据，同时也是课程目标的"来源"。就科学地制定早期教育课程目标来说，必须研究婴幼儿、研究社会、研究学科知识。

相关链接 ▶▶▶▶▶▶

早期教育课程目标的制定既要基于婴幼儿的研究，也要考虑家长层面，如家长以往的经验、育儿能力等。

（一）对婴幼儿的研究

对婴幼儿的研究主要是指研究婴幼儿的身心发展规律，尤其是关注婴幼儿的发展需要。这里的发展需要，指的是"理想发展"与"现实发展"之间的距离。研究婴幼儿的发展需要，一要了解相关儿童发展心理学所揭示的婴幼儿应该和可能达到的理想发展。这方面的知识可以通过学习儿童发展心理学获得。二要了解婴幼儿的现实发展状况。这需要实际观察自己的教育对象，通过他们的行为表现判断他们的发展水平和特点。

目标的制定以婴幼儿身心发展特点和规律为依据，以理论研究成果为支撑。皮亚杰、埃里克森、蒙台梭利的教育理论对婴幼儿心理发展的特点与能力都有所涉及。本专题将介绍几项世界通用的标准化婴儿心理测量工具。

1. 格塞尔发展顺序量表（1940）

格塞尔1940年正式推出的格塞尔发展顺序量表的内容分为以下四类。

运动（动作能）：粗细动作。

适应性行为（反应能）：对外界刺激进行分析和适应新情景能力。

语言（言语能）：理解与表达。

个人—社交行为（应人能）：社会交往和生活自理能力。

在实际使用中，人们往往从原量表中每个方面抽取九个项目，组成初查表，进行测查。（表5-1❶）

---

❶ 赵凤兰：《0～3岁婴幼儿智能开发与训练》，148页，上海，复旦大学出版社，2011。表5-1有调整。

表 5-1 婴儿智能发育阶段初步检查表

姓名_____ 年龄_____ 日期_____ 编号_____

枢纽龄	成熟阶段	动作能	应物能	言语能	应人能
4周	仰卧	不能控制头部，仰卧姿态左右不对称	眼光能短暂跟随人物，授予玩具立即放弃	面部无表情，喉头作微声	凝视四周，"倾听声音"
16周	仰卧	颈可竖直，头微摇动，仰卧姿态，左右对称	开始接近有响声的玩具，注视手中有响声的玩具	发出咕咕声、笑声	自动微笑迎人，玩自己的手
28周	坐	扶起独坐，身体前倾	伸手抓取玩具，能将玩具由己手递交他手	呼号、哭时作"mu mu"声	将足置于口中
40周	坐	可独坐、爬行，扶着物件站立	能将两样玩具放在一起，手指摘小丸	能呼爸爸、妈妈，除"爸""妈"外能说另一字	懂得成人逗玩，能自己吃饼干
52周	运动	搀一手行走摇摆	能将方木置于杯中，试堆叠两方木	能说两字，对"给我"两字有反应	穿衣时能合作
15个月	运动	独自行走，微有摇摆，自坐于小椅中	堆叠两块方木，能将6块方木置于杯中	能说4～6个字	能指出并说出所需之物，摸玩具
18个月	运动	独自行走，自己坐于小椅中	堆叠3～4块方木，模仿画"一"字	能说10字语言（无任何意义）	白天能控制大小便，能携带及抱娃娃
2岁	幼儿园前期	能跑，自行上下楼梯	叠6～7块方木，模仿圆形草图画圈	能说2～3字短句，能说3～5张画片中物名	白天预示大小便，能照顾娃娃入睡
3岁	幼儿园前期	能骑三轮脚踏车，能一足短暂独立	模仿叠方木成品字形、房形，模仿画"十"字	能成句，能说姓名、性别	能自己吃食物，能自己穿袜、解纽扣

2. 丹佛发育筛查测验（1967）[1]

由美国心理学家多兹和儿科医生弗兰肯伯1967年推出丹佛发育筛查测验，该表主要用于6岁以下儿童智能的筛查，共有105个项目，分布在以下四个领域。

个人社会技能：测查人际关系和自我帮助行为。

精细运动与适应性运动：测查儿童眼手协调等运动能力。

言语：测查儿童言语接受和表达能力，如理解成人的指示，用语言表达自己的要求。

---

[1] 参见韩诚、尹凤霞、李慧蓉：《少儿潜能开发》，60页，芜湖，安徽师范大学出版社，2017。

粗大动作：测查儿童坐、立、行走和跳跃等能力。

3. 贝利婴儿发展量表（1969）[1]

贝利于1969年修订贝利婴儿发展量表，该表适用于2～30个月的婴儿，有三个分量表。

智能量表，着重于适应性行为、语言、探究活动，如辨别形状、搭积木、放置形状板等。

运动量表，主要属于大运动和精细动作项目，如俯卧抬头、坐、站、走、翻身、跑等。

婴儿行为记录，主要记录每个月龄婴儿的个性特征，如做测验时的情绪反应和合作行为。前两个分量表是主要的，后一部分仅供参考。

4. 0～3岁婴幼儿神经心理发育诊断量表（1991）[2]

自1981年起，首都儿科研究所与全国12个省市协作，经过整整10年完成了量表的制定和验证工作，并运用量表对全国12个城市15000个婴幼儿进行标准化的测查。按8个关键年龄段、5个功能区分别表现出的正常行为发展特点排列制定。8个年龄段分别是：1个月、4个月、7个月、10个月、13个月、18个月、24个月、36个月。5个功能区详见表5-2。

大动作：头颈部、躯干部和四肢幅度较大的动作，含13个大观察项。

精细动作：手的动作以及手眼配合动作，比如抓握、摇动、拇食指对捏、握笔乱画、搭积木等，含12个大观察项。

适应能力：对外界刺激的分析和综合能力，比如感觉、解决实际问题、对不同情境的调节能力，含14个大观察项。

语言：听、说、读、写能力，比如婴幼儿彼此之间交谈，听音乐、歌曲、读故事、歌谣、鞋子、画图画等，含11个大观察项。

社交行为：对现实社会文化的个人反应，比如社交能力、生活自理能力、社会常识能力，含13个大观察项。

表5-2 0～3岁婴幼儿神经心理发育诊断量表（部分）

项目	月龄				
	1	2	3	4	5
大运动	拉腕坐起头竖直片刻	俯卧抬头抬离床面	俯卧抬头45度	俯卧抬头45度，扶腋下可以站立片刻	独坐，头身前倾

---

[1] 参见金哲等编著：《新学科辞海》，47页，成都，四川人民出版社，1994。
[2] 文颐、石贤磊编著：《0～3岁婴幼儿核心能力与学习进程观察量表》，6～7页，成都，西南交通大学出版社，2017。表5-2有调整。

续表

项目	月龄				
	1	2	3	4	5
精细动作	触摸手掌、紧握拳	拨浪鼓留握片刻	两手相握	摇动并注视拨浪鼓	抓住近处玩具
适应能力	眼跟红球过中线，听声音有反应	立刻注意大玩具	眼跟红球180度	偶然注意小丸，找到声源	手拿一方木，但眼睛注视另一块
语言	自发细小喉音	发"a""o""e"等音	笑出声	会尖叫	咿呀作声
社交行为	眼睛跟踪走动的人	逗引时有反应	灵敏模样，见人会笑	认母亲	见到食物兴奋
测查日期					
智龄					
实际年龄					
发育商					

（二）对当代社会生活的研究

早期教育课程的基本职能之一是让婴幼儿在度过快乐有意义的童年的同时，为积极适应未来的社会生活做准备。而婴幼儿的成长也受到社会这个大环境的影响，因此，在考虑早期教育课程的目标时，必须研究社会对婴幼儿成长的期望和社会生活的需求。社会对当代儿童成长的期望和需求既体现在家庭的要求中，也体现在社会的经济、政治和文化中，还体现在政府的教育方针、政策法规和各种有关文件中。如何把握这些并将其转化为有效的课程目标也是需要考虑的。

例如，《国家中长期教育改革和发展规划纲要（2010—2020年）》提出"重视0至3岁婴幼儿教育"，规范早期教育指导机构；《国务院办公厅关于促进3岁以下婴幼儿照护服务发展的指导意见》提出"建立完善促进婴幼儿照护服务发展的政策法规体系、标准规范体系和服务供给体系，充分调动社会力量的积极性，多种形式开展婴幼儿照护服务，逐步满足人民群众对婴幼儿照护服务的需求，促进婴幼儿健康成长、广大家庭和谐幸福、经济社会持续发展"。《托育机构管理规范（试行）》第四章第十九条内容："托育机构应当以游戏为主要活动形式，促进婴幼儿在身体发育、动作、语言、认知、情感与社会性等方面的全面发展。"诸如此类的政策会影响机构对服务项目和教育目标的选择，同时也会影响教师的课程指导。参照《3-6岁儿童学习与发展指南》的思路框架，早期教育课程目标可以分别从发育与动作、认知、语言、情感与社会性以及艺术表现与创作五个领域进行表述。

（三）对学科知识的研究

早期教育课程的一个重要职能是进行科学启蒙教育，帮助婴幼儿更好地认识自然、认识社会、认识自己。对学科知识的研究主要探讨学科知识自身的特殊功能和一般功能，也就是各学科领域的知识与幼儿身心发展有什么关系，各学科领域知识能促进幼儿哪些方面的发展。

例如，当把"分类"作为课程内容时，可设置以下目标。
①能说出物体的一种或几种外观属性（如形状、颜色、大小、软硬等）。
②能按照物体的一个外观属性（颜色、形状等）将物体分类。
③能描述两个物体的相似与相异处。

三、早期教育课程目标的取向及其表述

对婴幼儿发展、社会需求和知识的性质以及这三者之间关系的不同理解，使课程目标存在不同的价值取向。在早期教育课程中，较为常见的目标取向有行为目标、生成性目标和表现性目标等。

（一）行为目标

行为目标是以婴幼儿具体的、可被观察的行为表述的课程目标。它指向的是实施课程以后在婴幼儿身上所发生的行为变化。行为目标具有客观性和可操作性等特点。

关于行为目标的表述，梅杰认为，行为目标必须包含三个部分。
第一，婴幼儿外显的行为表现。
第二，能观察到的这种行为表现的条件。
第三，行为表现公认的准则。

也就是说，典型的行为目标应该这样表述："能在户外的树木、花草、土里寻找小虫"，"能和同伴一起利用放大镜观察不同昆虫的身体"。在这里，"寻找小虫""观察不同昆虫的身体"是婴幼儿外显的行为表现。"在户外的树木、花草、土里"和"能和同伴一起利用放大镜"是行为表现的条件与表现的准则。

可见，拟订婴幼儿的行为目标，至少要做到以下两方面。
第一，要具体明确，能观察得到。

知识拓展

早期教育课程目标的取向及其表述

要配合婴幼儿的年龄、能力，依据教学活动的内容和性质，拟订明确和详细的目标，写明期望婴幼儿通过该项活动能做到的具体行为。目标能不能达到，可以通过婴幼儿的行为观察到。用作描写行为目标的动词通常是"说出""指出""描述""复述""辨认""分辨出""数出""画出""写出"等有具体行为表现的词。

第二，要写清达到目标的条件。

对不同年龄的婴幼儿，人们会期望他们从不同的层次去认识和理解事物。有些活动需要明确写出期望婴幼儿在怎样的条件下达到目标。例如，同是有关分辨水果的活动，对3岁的婴幼儿，可能要求他们从众多食物中辨认出水果。"从众多食物中""单凭味觉"就是达到目标的条件。写清达到目标的条件，便能依据婴幼儿的年龄对他们的学习提出合理的期望。

可以说，行为目标对于婴幼儿基础知识和技能的熟练掌握，对于保证一些相对简单的教育目标的达成是有益的，但是，行为目标越来越细化、越来越精确化的倾向也确实容易导致一些偏差。例如，人的许多高级心理素质是很难用外显的、可观察的行为来预先具体化的，因此，很容易导致只见目标不见婴幼儿。

（二）生成性目标

生成性目标是在教育过程中生成的课程目标。如果说，行为目标关注的是结果，那么生成性目标关注的则是过程。

以生成性目标为取向的学者认为，教育是一个演进过程，课程目标反映的应是此过程的方向的性质，而不是此过程的某些阶段或外部东西的性质。生成性目标反映的是前者，反映的是婴幼儿经验生长的内在要求，反映的是问题解决的过程和结果。

可以说，生成性目标取向追求的是"实践理性"，强调在婴幼儿、教师与教育情境的交互作用过程中产生课程的目标。这体现了对婴幼儿学习特点的尊重，因为只有在具体的教育情境中，婴幼儿的学习动机才会被激发。婴幼儿由于被自己的活动目标吸引，会越来越深入地探索，并会随着问题的解决和兴趣的满足产生新的问题，进行新的探索。婴幼儿真实的学习发生之际，就是教育引导儿童发展之时，因而，基于生成性目标的课程有利于促进婴幼儿有意义的学习和教师主动性的调动和发挥。但是，在实践层面上，生成性目标对教师有相当高的要求，即不仅要求教师能够熟悉婴幼儿身心发展的特征和各种可以运用的教育资源，而且需要教师有相当强的研究能力，还要愿意花费大量的时间和精力去做额外的计划和工作。此外，生成性目标取向的课程具体实施时也是有操作难度的。由于活动室内较多的婴幼儿各有特点与要求，一个教师很难在有限的时间里与所有的婴幼儿对话并生成课程目标。

（三）表现性目标

表现性目标是指每一个婴幼儿在具体教育情境的各种相互作用中所产生的个性化表现，目标指向的是培养婴幼儿的创造性，是鼓励婴幼儿运用已有的技能，拓展并探索自己的观点、意象和情感。表现性目标多用于艺术领域，它追求的不是婴幼儿反应的同质性，而是反应的多元性。即不规定婴幼儿在完成学习活动后应该获得的行为，它强调的是个性化，指向每一个婴幼儿在教育情境中所产生的个性化表现及反应的多元性。

▶▶ 四、对早期教育课程目标的思考

早期教育课程绝对不能简单地套用幼儿园小班的目标，而是要结合婴幼儿目前的成熟度和"最近发展区"确定婴幼儿发展目标。根据早期教育课程目标要求，在针对各年龄段婴幼儿制定每次课程的具体目标时，必须遵循以下原则。

第一，目标要着眼于婴幼儿的发展。

第二，尊重心理学和神经科学的研究成果，以 0～3 岁阶段所涉及的终身发展所必需的核心能力作为课程内容的依据。

第三，考虑本国、本地区、本机构以及不同家庭的经济、文化、人员结构等多方因素。

第四，以每一个婴幼儿在原有水平获得发展为目标，而不是设立所有婴幼儿统一层次的目标，即关注个体差异性。

🔗 相关链接 ▶▶▶▶▶

> 早期教育课程目标的制定既要着眼于婴幼儿发展，也要着眼于家长育儿水平的发展，即结合家长的以往经验、家长的育儿能力以及家长完成学习任务的可能性确定家长学习目标。

学习主题三 早期教育课程内容的选择与组织

学习初体验

早期教育课程内容是实现早期教育课程目标的手段,必须为实现课程目标服务,课程目标则指导着课程内容的选择与组织。对于教师和婴幼儿而言,主要解决的是"教什么"和"学什么"的问题。这两个问题可以说是课程设计中的关键。课程内容的选择始终被认为是课程设计的一个难点,早期教育课程内容与早期教育课程目标相符合的程度高低是与早期教育课程设计者所持有的价值取向能否实现有着直接联系的。

对此,你是如何理解的?

▶▶ 一、早期教育课程内容的选择

早期教育课程内容具有很大的自主选择性,早期教育机构可根据自己的需要自主选择。强调多元化和自主性选择并不等于随意性选择。课程目标回答的是"是什么""为什么教"的问题,而课程内容解决的是"教什么"的问题,它能在教育理念与教育实践之间架起一座桥梁。可以说,课程内容选择是整个课程要素的核心,直接影响教育教学效果和目标的达成。

早期教育课程内容是指依照早期教育课程目标选定的通过一定的形式表现和组织基本知识、基本态度、基本行为。这些内容存在于婴幼儿参与的各种课程活动材料和活动过程中,通过转化、累积学习经验的方式成为婴幼儿自己的知识、态度、技能和行为方式。如何选择具体的课程内容?什么内容是适宜的?这就需要明确课程内容选择的原则。

知识拓展

早期教育课程内容的选择

相关链接 ▶▶▶▶▶▶

早期教育课程内容选取的依据如下。

第一,婴幼儿心理发展的核心能力。

婴幼儿心理核心能力代表着0~3岁婴幼儿心理发展的水平,因此,早期教育课程应将婴幼儿心理发展的核心能力作为课程内容选取的重要依据。

第二,社会与家庭。

虽然早期教育机构的课程基础源于教师对婴幼儿发展本质的了解,但社会和家庭的因素也会影响课程的设计及教养者执行角色和职责的效能。

其一,社会层面。教育与信息技术改变、生理和心理科学研究的发展等。

其二,家庭层面。家庭成员所处的社会经济地位、育儿的不同阶段、家庭成员的教育观等。

（一）目的性原则

目的性原则指的是选择的课程内容必须符合并有助于实现课程目标。因为课程内容是实现课程目标的手段，内容必须围绕目标来选择，否则将会偏离方向，造成课程的无效。也就是说，课程目标一旦确定，就要求选择与之相符的内容来保证它的实现。

按照这一原则，在选择课程内容时，注意把握以下几点。

首先，要对内容可能包含的教育价值进行分析。判断哪些教育内容与目标有关联，关联度如何，是否还有关联更密切的内容等。

其次，正确把握目标和内容的关系。课程目标与内容并不是一一对应的关系。一项目标往往需要多项内容的学习才能达到，一项内容也可以达成多项目标。例如，针对"能进行简单的分类"这一目标，就需要通过多种多样的内容逐渐达成，包括颜色的分类、动植物的分类、几何形状的分类等；同样，在选择某一内容时需要考虑"这一内容还可以达到哪些目标"。例如，"小鸭子粘贴画"这一内容，不仅可以锻炼婴幼儿的精细动作，还有利于他们了解鸭子的外形，同时激发他们对艺术活动的兴趣。

最后，考虑目标达成所需要的"关键学习经验"。有些目标，如自信心、探究精神等没有直接对应的内容，这就要考虑让婴幼儿获得哪些关键经验来保证这些目标的落实。例如，培养婴幼儿的自信心，而自信心来源于多次的成功经验。我们无法通过"教"或"学"让婴幼儿获得这种经验，只能通过控制内容的难易程度、指导学习方法等，为婴幼儿创造获得成功经验的有利条件。

（二）适宜性原则

适宜性原则指的是课程内容既要符合婴幼儿已有的发展水平，又能促进其进一步的发展，即难度水平处在婴幼儿的"最近发展区"。因此，选择课程内容时，教师要深入了解婴幼儿年龄特点和经验水平。

第一，掌握不同年龄阶段婴幼儿的一般特点。

目前，大量的婴幼儿心理学研究已经揭示了婴幼儿在认知、语言、社会性等方面的年龄特征和一般发展趋势，这为课程内容的选择提供了重要的心理学依据。

第二，精心观察现实中的每一个婴幼儿，确保个体适宜性。

由于每一个婴幼儿的特点不一样，所处的环境不一样，婴幼儿之间表现出很大的差异。只有精心观察每一个婴幼儿，针对不同婴幼儿的特点选择课程内容，才能确保课程内容的适宜性。

（三）生活性原则

婴幼儿学习不同于成人学习，突出的特点就是无意学习、直接学习。对于婴幼儿来说，有效的学习内容就是他们能直接感知的、具体形象的内容，而这种学习内容主要来源于婴幼儿周围的现实生活。

生活是婴幼儿获得直接经验的理想场所，课程内容与婴幼儿熟悉的现实生活越接近，越能引起婴幼儿的学习兴趣，学习效果就越好；如果脱离婴幼儿的生活经验，婴幼儿的学习就会事倍功半。因此，课程内容选择应充分体现生活性原则。让大自然、大社会成为婴幼儿的活教材，从贴近婴幼儿的生活中选择内容，使婴幼儿能够通过直接感知、操作和体验，进而在直接感知的基础上获得基本态度和基本行为方面的发展。从贴近婴幼儿的生活中选择内容，需要注意以下两点。

第一，贴近婴幼儿生活是要在生活中挖掘课程内容，让婴幼儿亲身感受，自然学习，然后再通过生活化的课程内容，帮助婴幼儿整理、提升经验，促使他们进一步发展，即"既来源于生活，又高于生活"。

第二，如今我们不能对"贴近生活"做过于狭隘的理解。随着信息化时代的到来，婴幼儿的经验获得不再局限于传统意义上的生活。

（四）兴趣性原则

兴趣具有一种动机力量，是个体力求认识某种事物或从事某种活动的心理倾向。人们对感兴趣的事物总是愉快地、主动地探究它。现代心理学研究也充分证明了兴趣会直接影响课程内容的学习效果。可以说，遵循兴趣性原则是基于婴幼儿学习成效的一种考虑。如果婴幼儿的兴趣与我们所选择的内容相一致，就会大大促进学习效果的提升。因此，课程内容的选择必须考虑婴幼儿的兴趣，具体做法有以下两点。

第一，关注婴幼儿的兴趣，从婴幼儿感兴趣的事物中选择具有教育价值的课程内容。婴幼儿感兴趣的事物中，有很多事物蕴含着丰富的教育价值。教师要善于发现、分析，及时将它们纳入课程。

第二，关注必要的课程内容，使之转化为婴幼儿的兴趣。有些课程内容婴幼儿不感兴趣，但是从婴幼儿长远发展来看是有必要的，那么，这就需要教师巧妙地引导，使之转化为婴幼儿的兴趣。

二、早期教育课程内容的组织

早期教育课程内容选择完成之后，就要对所选择的内容进行组织，以形成适合婴幼儿学习特点与规律的课程内容的呈现方式，保证高效地实现课程向婴幼儿的学习经验转化。

早期教育课程内容组织是指创设良好的课程环境，使早期教育课程活动兴趣化、有序化、结构化，以产生适宜的学习经验和优化的教育效果，从而实现课程目标的过程。

学习主题四　早期教育课程的实施

学习初体验

课程实施是指把一项课程计划付诸实践的过程，是达到预期的教育目的和课程目标的基本途径。对课程实施的研究，关注的是课程计划在教育过程实际中所产生的情况，以及课程实施的各种影响因素。

对此，你是如何理解的？

_____
_____
_____

一、早期教育课程实施的途径

（一）自由游戏

自由游戏，也称自选学习活动、个别化学习活动，意味着婴幼儿可以根据自己的兴趣、意愿和能力，自由选择自己愿意参与的活动。自由游戏是早期教育机构活动的重要组成部分，可以满足婴幼儿不同的兴趣和发展需要。在早期教育机构，教师会通过创设各种活动区、投放适宜的材料、安排各种形式的活动强化和促进课程目标的达成，提供多种机会促进婴幼儿大肌肉动作、精细动作、认知、语言、创造性以及社会性的发展。教师投放的活动材料直接关系着婴幼儿的游戏活动效果，教师要把握"材料"与"空间"两大要素，通过挖掘可利用空间、寻找适宜性材料、丰富材料投放的游戏性等方式来满足婴幼儿的不同兴趣与需要，同时使之与婴幼儿的发展相适宜。

婴幼儿年龄越小，越要以自由游戏、个别活动、小组活动为主，以便更好

知识拓展

早期教育课程实施的途径

地跟随婴幼儿的发展步伐。自由游戏是0～3岁婴幼儿教养实施中的重要活动之一。

1. 常见的自由游戏活动区

根据0～3岁婴幼儿的身心发展特点和发展需要，教师可以创设相应的能促进0～3岁婴幼儿发展的活动区域，引导婴幼儿在活动区自由游戏。常见的区域有语言区、音乐区、自然观察区、角色扮演区、运动区等。

（1）语言区

常见的语言区有听音区、口语表达区、早期阅读区、涂写区等。例如，在口语表达区，教师可以投放卡片、播放节奏欢快的儿歌等。此外，最重要的材料是成人与婴幼儿的口语交流。这不仅能够激发婴幼儿用自己的方式与成人进行口语交流，也可以使婴幼儿获得良好的情绪体验。教师在引导之余，还可以观察婴幼儿在进行活动时的情绪状态是积极的还是消极的，婴幼儿在活动中是主动的还是被动的，为创设进一步促进婴幼儿语言发展的区域提供依据。

（2）音乐区

教师要为婴幼儿创设愉快、舒适的音乐环境，通过优美的音乐、悦耳的语言及轻柔的动作，使婴幼儿感到温暖、安全和喜悦，培养婴幼儿愉悦的情绪，促进他们健康成长。常见的音乐区有音乐感受区、音乐表达区。在音乐感受区，教师可以选择一些著名的儿歌、动画片插曲或者著名的音乐作品。在音乐表达区，教师为婴幼儿选择的歌曲歌词以2～4句为宜，同时，还要考虑到歌词的趣味性，并且保证是婴幼儿能够理解和熟悉的。

（3）自然观察区

常见的自然观察区有自然探索区、科学区等。例如，在自然探索区，教师可以饲养小动物，如兔子、金鱼等，让婴幼儿近距离观察小动物；教师可以设置一个供婴幼儿观察植物的空间，增强婴幼儿对植物的兴趣。在婴幼儿进行探索观察时，教师可以帮助婴幼儿提升自然观察能力。在科学区，教师可以提供开放的、吸引婴幼儿的材料，包括探索的辅助工具，如放大镜。

（4）角色扮演区

在角色扮演区，教师应该投放有利于婴幼儿角色扮演的材料。2岁以下的婴幼儿需要可作为游戏道具的实物，但2岁之后，婴幼儿就可以用不太相似的物品来替代，如用积木来代替电话。

（5）运动区

0～3岁婴幼儿的运动区域可以分为大肌肉动作区和精细动作区。大肌肉动作区应该既能保证婴幼儿的安全，同时，又能为婴幼儿提供锻炼的机会，在空间条件允许的情况下，大肌肉动作区可以设置在户外。精细动作区可以设置在一个可以让婴幼儿安静操作并且不被打扰的区域，最好有自然光照。教师可以投放不同类型的收纳盒，并且放置在低矮、开放、带有标签的柜子上，便于婴幼儿取放。同时，要有平坦的表面供婴幼儿操作。

2. 实施自由游戏的注意事项

（1）创设适宜的环境以支持婴幼儿的游戏

首先，教师应确保游戏环境中的所有东西都是安全的（干净卫生的、可以触摸的）。因为，对于婴幼儿来说，用嘴巴来舔舐或者咀嚼是其重要的学习途径之一。

其次，在自由游戏中，教师应针对婴幼儿的基本发展目标和能力，投放多层次的材料供其自由、自主地探索。例如，对于室外的玩滑梯等大肌肉动作活动，应设有高低不等、坡度不同的滑梯供婴幼儿选择。

再次，应提供给婴幼儿低结构、有多种玩法的材料。例如，纸杯就是很好的玩具，婴幼儿可以用它装东西，或者摞高高，或者搭建某种结构。相比来讲，电动玩具的玩法就比较单一。

最后，注意不要投放过多的玩具。过多的玩具会对婴幼儿产生过度刺激或过多的感官输入。教师可以根据婴幼儿人数、时间、空间以及婴幼儿的行为等考虑投放玩具的数量。

（2）尊重每个婴幼儿的兴趣

在自由游戏中，教师应给予婴幼儿自由，不要随意转移或分散他们的注意力以求快速完成某项任务，要尊重和关注他们各自的兴趣。在自由活动中，一些婴幼儿貌似随意闲玩，但我们在仔细观察后会发现他们并没有游离于游戏之外，而是非常投入地参与到所选择的活动中。

（3）观察和记录婴幼儿的游戏情况

敏锐的观察能力是专业教师必备的能力之一。自由游戏是非目的性的互动活动。婴幼儿在活动区域游戏的过程中，教师需要观察婴幼儿的游戏情况，以便了解游戏中发生的事情。通过观察，教师才能充分了解游戏情况，及时捕捉并记录其行为、语言、情绪表现等，给婴幼儿提供更适宜的游戏材料，恰当地给予有效支持与帮助，更好地促进其学习与发展。

（4）鼓励婴幼儿独立解决问题，实施选择性干预

婴幼儿在自由游戏时遇到的很多问题都具有十分重要的价值，如够不到想要的玩具、积木塔总是塌掉等。这些本身就是婴幼儿学习的机会，教师应鼓励婴幼儿自己去解决问题，并在婴幼儿想解决但解决不了问题时，提供必要的

"支架"促进婴幼儿的学习与发展。

（5）给予婴幼儿肯定式回应和描述性评价

由于遗传、营养、教育等因素的影响，0～3岁婴幼儿的发展存在个体差异，表现为发展的速度不同、特点不同。在婴幼儿的自由活动中，教师应重视婴幼儿在发育与健康、感知与运动、认知与语言、情感与社会性等方面的发展差异，更多地给予婴幼儿肯定式回应和描述性评价。

有必要指出的是，自由游戏后，教师应引导婴幼儿回忆、表演、展示刚才都做了些什么。游戏后的沟通交流具有不可忽视的教育价值。

（二）集体活动

集体活动，也称群体活动，指的是在一日生活中，由教师和所有婴幼儿共同参与活动，是一种由教师有目的、有计划地对婴幼儿施加影响的活动。与其他活动相比，它能够有效地保障课程目标的落实。基本上对于2～3岁的婴幼儿而言，在保证婴幼儿每天有适当的自主选择和自由游戏时间的基础上，一日活动中还应安排一两次集体的教育活动，每次集体活动的时间为10分钟左右。

> **相关链接**
>
> 早期教育课程体系包括亲子集体早期教育课程、亲职教育、家庭延伸活动，前两者属于课内指导课程内容，后者属于课外课程内容。
>
> 第一，亲子集体早期教育课程是在早期教育机构中开展的早期教育课，是专业教师依据0～3岁婴幼儿的身心发展特点，结合婴幼儿的实际需要，有目的、有计划、科学系统地制定活动目标，选择活动内容，合理地设计活动环节，积极创设活动环境，选择适宜的活动材料，然后面向家长和婴幼儿开展的一项具有示范性、指导性、互动性的亲子活动，一般以亲子集体早期教育活动的形式呈现。
>
> 第二，亲职教育是针对家长育儿理念和知识的教育。
>
> 第三，家庭延伸活动主要在家庭内开展，以一对一亲子活动形式呈现。其目标与亲子集体早期教育课程的目标相同，目的是让家长将亲子集体早期教育课程上的内容延伸到日常家庭生活中。

早期教育机构中教师组织集体活动时应注意以下事项。

一是集体活动不是外部给予式的训练，而是婴幼儿经验的联结与拓展。与自由活动相比，教师组织的集体活动尽管是教师提前预设的，但并不是"外部给予式的训练"，而是以婴幼儿为主体，尊重婴幼儿的兴趣、需求和原有经验的活动。

二是教师组织的集体活动应与其他活动有机结合。婴幼儿的发展是一个整体，教师要注重各领域目标、内容之间的相互渗透和有机结合，促进婴幼儿身心全面协调发展。因此，教师组织的集体活动应与生活活动、自由游戏融合在一起。

三是教师组织的集体活动要有充分的预设性和一定的动态生成性。集体活动在组织实施要注意动态调整，这样才能符合不同月龄段婴幼儿的发展水平，满足所有婴幼儿的发展需求。例如，教师可以在集体活动之后，通过延伸环节，将不同难度的材料投放到活动区，对活动区的婴幼儿进行个别指导，帮助婴幼儿提升经验。

（三）生活活动

生活活动，是指满足婴幼儿基本生活需要的活动，主要包括整理物品、进餐、睡眠、盥洗等活动。生活活动是培养良好的生活卫生习惯，养成健康、文明的生活方式与习惯的重要途径，更多体现在全日制托幼机构中。

与幼儿园的生活活动相比，早期教育机构的生活活动实施应该注意以下事项。

一是生活照护活动的时长和次数增多，0～3岁婴幼儿的生活照护活动有很多地方不同于3～6岁幼儿的生活照护活动。由于婴幼儿的年龄小，自理能力弱，生活照护活动的时间占婴幼儿在早期教育机构总时间的2/3。

二是创设良好的生活环境。0～3岁婴幼儿的生活环境主要体现在盥洗、进餐、睡眠、如厕等方面。例如，早期教育机构应该特别注意给婴幼儿提供低矮、舒适的盥洗环境，方便婴幼儿使用；提供新鲜优质的食物、方便婴幼儿使用的餐具，确保婴幼儿的饮食安全等。

三是提供合理的营养膳食。随着婴幼儿月龄的增加，教师应鼓励和引导婴幼儿进食种类丰富、营养全面均衡的食物，保证膳食平衡。

▶▶ 二、影响早期教育课程实施的主要因素

影响早期教育课程实施的主要因素有以下几个。

（一）社会、文化的适应性

早期教育课程的变革和教育活动的实施，不可能脱离社会、文化而进行。社会、文化的价值观会通过各种渠道，影响早期教育课程的实施。

（二）早期教育课程计划本身的状况

编制新的早期教育课程，为的是变革和替代原有的课程，弥补原课程中的不足之处。课程实施若要将变革引入教育实践，那么这个引入的过程与新课程计划本身的状况是有密切关联的。具体地说，如果新编的早期教育课程本身具有较高的质量，具有可传播性、可操作性，与现实需求和公众认识相吻合，那么，课程实施的有效性就会增加。

（三）早期教育课程编制者与实施者之间的沟通

早期教育课程编制者与实施者之间的沟通，对于课程实施获得成功往往起关键性作用。沟通是复杂的，它指的是人与人之间就事实、观点、价值观、感受和态度等所作的双向传递，包括交流、协商、合作和分享等。如果早期教育课程编制者能与课程实施者之间实现良好的沟通，让课程实施者真正理解早期教育课程变革或教育活动实施的意义，并通过协商和合作，相互适应和妥协，那么，课程的实施就会更为顺利。

（四）早期教育课程实施者本身的水平和能力

早期教育课程实施者——教师的水平和能力，也在相当程度上决定早期教育课程实施的可行性和有效性。具体地说，课程政策制定者的意图再"先进"，课程编制者的课程计划再完美，如果早期教育课程实施者的水平不高、能力不强，仍然不可能达到课程实施的良好状态。因此，教师的专业化显得尤为重要，这就要求教师个体在整个职业生涯中，通过专门训练和终身学习，成为具备专业知识、专业能力和专业态度的教师。

学习主题五 早期教育课程的评价

学习初体验

课程评价是对课程的价值做出判断的过程。课程评价可以诊断课程、修正课程、对各种课程的相对价值进行比较、预测教育的需求，或者确定课程目标达成的程度等。课程评价在课程设计和课程实施的过程中起着十分重要的作用，课程需要通过课程评价不断地调整与完善，以获得最佳教育效果。

对此，你是如何理解的？

课程评价的主体和内容

一、早期教育课程评价的内容

早期教育课程评价包括三方面内容。

（一）课程方案的评价

课程方案的评价是课程实施的开端，大可包括课程整体规划，小则包括具体的活动设计。评价课程方案，主要从以下两方面进行。

一是课程方案的编制是否有科学的依据，是否以正确的课程理论为指导等。

二是课程结构是否合理，各个要素之间是否具有较高的内部一致性，是否符合原先的指导思想。

（二）课程实施过程的评价

课程实施过程的评价主要是为了考察和评定课程实施过程中的诸多动态因素，如师生互动的质量、师生在课程运行过程中的态度和行为、早期教育机构环境的创设和利用，以及动态变化中的各种因素之间的关系等。

（三）课程效果的评价

课程效果的评价是课程评价的一个重要功用。课程效果，有的是显性的，有的是隐性的；有的是长效的，有的是短效的；有的是预期的，有的是非预期的。对课程效果的考察和评定，会涉及效果是什么以及如何去衡量效果的问题。一般通过对婴幼儿的发展评价来确定，包括评价婴幼儿学习后的发展状况，发展状况与课程目标的符合程度，产生了哪些非预期的结果等。对婴幼儿的发展评价，可以利用婴儿发展评价量表对婴儿能力进行评估，该类量表可以清楚反映婴幼儿在课程实施过程中的变化，如表5-3。

表5-3　婴幼儿语言发展评价量表

月龄		观察与评估细目	是	否
0～3个月	言语知觉	1. 当有声音出现时，会有所反应		
		2. 当人声和其他声音一起出现时，更关注人声（如吮吸加快）		
		3. 特别喜欢听妈妈的声音，妈妈的声音能让他安静下来		
		4. 能够寻找声源		
		5. 听到突然的大声音会有惊吓的反应		
	言语发音	1. 在心情愉悦的时候会发出自言自语的咿咿声		
		2. 在与父母的游戏中能够根据父母的行为发出应答性的声音		
		3. 在平时可以发出类似元音的声音，如"o""a"等		
		4. 在哭声中，会发出"ei""ou""ma"的声音		
	交际倾向	生理需求得到满足后，会对成人的逗弄报以微笑，发出一些简单的音节来吸引成人的注意		

续表

月龄		观察与评估细目	是	否
4～6个月	言语知觉	1. 当他人用愉悦的声音和他说话时，能够用微笑应对		
		2. 当他人用生气的语调对其说话时，会做出伤心的表情		
		3. 会根据声音寻找说话者		
		4. 会特别喜欢听妈妈、爸爸或其他主要照料者的声音		
	言语发音	1. 能够发出连续的辅音音节，如"baba""bubu"等		
		2. 哭的时候会发出"mun-mun"的声音		
		3. 能够模仿成人的简单发音		
	言语交际	1. 在交流中能以形似"一问一答"的模式喁喁作答，从而使"交流"顺利地继续下去		
		2. 能对应成人的语言做出一些肢体动作		
		3. 听到自己的名字时，有转头注意的能力		
7～9个月	言语知觉	1. 能够理解成人的语言，目光会转向成人所指物		
		2. "××东西在哪里？"（能够把目光转向妈妈或手指指向××，即能辨别一些熟悉物体的名称）		
	言语发音	1. 会发出重复的音节，重叠音，如"mama""baba"等		
		2. 在音调上有升调		
		3. 能发出辅音，如"x""j""q"		
		4. 能模仿他人发出的声音		
	言语交际	1. 有小儿语的出现，能和同伴愉快交流		
		2. 会用简单的叠音配合动作向成人指出想要的东西		
		3. 会用简单的手势或者发音跟他人打招呼、道别		
		4. 出现指物现象		
10～12个月	言语知觉	1. 能够在成人发出"门铃"声音后看着门铃		
		2. 受到成人鼓励会不断重复该动作		
	言语发音	1. 模仿一些非语言的声音，如咳嗽声		
		2. 能模仿成人发出的诸如"qi""xi"等语音		
		3. 高兴时会伴随"啊、哦"的声音手舞足蹈		
		4. 说出有意义的单词，如"妈妈"		

续表

月龄		观察与评估细目	是	否
	言语交际	1. 理解一些简单的命令性语言，如"坐下"		
		2. 挥手向他人说再见		
		3. 初步理解一些关于吃的、玩具、家人名字等新词		
		4. 能用摇头表示不要		
13～18个月	言语理解	1. 能模仿成人的简单语言		
		2. 能够听懂5～10个常用物品的名称		
		3. 能够理解简单的语句，并在语句的提示下完成相应的动作，如"把杯子给妈妈"		
		4. 能够听懂并指出自己身体的各部分		
		5. 喜欢翻图画书并指点相关图片		
	言语表达	1. 会说8～20个单词		
		2. 对所看到的物体进行命名，命名的同时伴随语言泛化现象		
		3. 能发有复杂声调形式的几个音节		
	言语交际	1. 会主动跟人打招呼和再见		
		2. 在有生理需要的时候会用简单的语言跟妈妈说		
19～24个月	言语理解	1. 能执行有两个动作要求的命令，如"把球拿过来"		
		2. 能够理解一些形容词及常用动词		
		3. 理解并能正确回答"××在哪里""这是什么"等问题		
		4. 能理解一两个表示方位的名词，如"下面"等		
	言语表达	1. 能用20～50个词语进行日常说话		
		2. 能够说出由两个词组成的句子		
		3. 说到自己时，能说自己的名字		
		4. 开始会用"你""我"等代词		
	言语交际	1. 与人交往能仅依靠语言		
		2. 能进行简单的交际会话		

续表

月龄		观察与评估细目	是	否
25～30个月	言语理解	1. 经常提出"为什么"等问题		
		2. 说的话未被成人听懂会有受挫感		
		3. 能理解成人的话		
		4. 喜欢反复地听一个故事		
	言语表达	1. 会用三词句或四词句与人交谈		
		2. 能重复成人说出的由4～5个词组成的句子		
		3. 会使用否定句		
		4. 电报语现象明显		
		5. 喜欢模仿成人的语言		
	言语交际	有事会请求成人帮忙		
31～36个月	言语理解	1. 能理解并正确回答"谁""什么""哪儿""谁的"等问题		
		2. 能初步理解上、下、里、外等介词		
		3. 能理解表达时间的词语,如"马上"		
	言语表达	1. 会说出自己的姓名、年龄、性别、喜好		
		2. 能说出五词句、六词句等较为复杂的句子		
		3. 会用语言描述物体的形状、大小和颜色等方面的特征		
		4. 能说出一些数量词		
		5. 能较为熟练地使用"我""你""他"等人称代词		
	言语交际	1. 会说"请""再见""谢谢"等礼貌用语		
		2. 能用语言向成人提要求		

相关链接

早期教育课程实施一段时间后，须结合家长和教师填写的《婴幼儿行为观察记录表》和教师填写的《家长教养行为观察表》分析婴幼儿近期的发展情况和家长行为的改善情况，为接下来的课程计划提供参考。具体评价包括以下内容。

1. 对婴幼儿行为的评价分析

在对婴幼儿行为进行评价时，尽量在真实的、有趣的游戏活动情境中进行，尽量模糊真实活动与测评之间的界限。

2. 对家长教养行为的评价分析

①家长对婴幼儿的敏感性（关注度）分析。

②家长指导婴幼儿的方式（放任不管、包办代替、指导性建议等）分析。

③家长对婴幼儿态度（偏严厉、偏温和、一般）分析。

《家长教养行为观察表》的观察项目可以参照联合国儿童基金会 ECD 项目中《家庭保育评估》的标准确定。

二、早期教育课程评价的原则

早期教育课程评价应有利于发挥教师、管理者及课程决策人员改进课程的主动性、积极性和研究精神，这是课程评价的总原则。

（一）评价应有利于改进与发展课程

早期教育课程评价的目的在于调整和改进课程，不断提高教育质量。因此，课程评价要着重发挥其诊断、改进课程的作用，不宜把评价仅仅作为对教师工作或婴幼儿发展水平的鉴定手段。否则，就会使被评价者产生消极抵触情绪和应付行为，产生不良效果。

（二）评价要以自评为主，充分发挥教师的主体性

习近平总书记反复强调教育要以人为本，《国家中长期教育改革和发展规划纲要（2010—2020年）》也确立了教育改革与发展以人为本的科学理念，并将素质教育上升到国家战略的高度。以人为本的科学理念，落实到个体层面，其实就是对教师和学生个体发展的关注，即关注被评价者的需要，以平等、欣赏、乐观和发展的态度对待被评价者，营造一个民主的评价环境，激发被评价者参与评价的主动性，以促进每个个体最大可能地实现自身的潜能和价值。在课程评价中，教师经常被当作主要的被评价者。但是，教师不能仅仅被动地接受评价，更应作为评价主体参与课程评价工作，发现问题，总结经验，不断改进教学，提高教育能力。在每一次教育活动结束后，自觉地对活动过程进行分析与评价，正是教师主体性的反映。

另外，在评价过程中，要尊重教师的主体地位，任何评价所提出的改进措施或建议都要通过教师的理解、接受和创造性的应用才能落实。评价者应该用发展的眼光看待教师教育教学中的问题，要充分与教师沟通，尊重他们的说明与意见，并把这个过程作为一个研讨的过程，共同商讨解决的方法和今后发展的方向，把评价的结果作为发展中的一个新起点。

（三）评价要有利于婴幼儿的发展

教师要全面了解婴幼儿的发展状况，避免评价时偏重某方面。在评价过程中，注意搜集多方面的资料，包括对婴幼儿定期、连续的观察和记录，婴幼儿的学习作品，家长提供的资料等，客观地加以整理和分析。值得注意的是，教师应采用自然的方法在日常活动与教育教学过程中进行评价，使婴幼儿感到舒适自然，没有压力；应承认和尊重婴幼儿的个体差异，与婴幼儿自身前后发展做比较，让婴幼儿看到自己的优点；不要轻率地对婴幼儿进行相互比较。

（四）评价应科学有效

科学的评价要有正确的指导思想和评价标准。课程评价要讲究实效，保证资料和数据的来源真实，为改善和提高教育质量提供有用的信息，防止形式化。

学习主题六　早期教育典型课程方案

学习初体验

早期教育课程方案为早期教育的教学和课程组织安排提供了很好的框架，也可以说，早期教育课程方案是一种组织结构。在早期教育课程理论和实践的发展过程中，国外出现过许多有特点的课程方案，为从理论表述到实践演绎，或从实践发展到理论归纳提供了样板。尽管不可能存在一种课程方案能适合所有社会文化背景中的所有婴幼儿，但是，这些课程方案都明确地表述了课程方案的编制者如何从特定的历史条件和社会背景出发，处理课程理论和实践的关系的基本思路，以及如何完成从课程理论到教育实践的转化。

对此，你是如何理解的？

一、国外主要早期教育课程方案[1]

（一）班克街（Bank Street）早期儿童教育方案

1. 班克街早期儿童教育方案的理论基础

班克街早期儿童教育方案，又被称为银行街早期儿童教育方案或发展—互动模式。"发展"是指儿童生长的样式以及对儿童和成人成长特征的理解和反应的方式。"互动"包括两个方面：首先强调儿童与环境的互动，包括其他儿童、成人和物质环境的交互作用；其次指的是认知发展和情感发展的交互作用，即认知和情感的发展并不是分离的，而是相互关联的。这些概念可以运用于各种年龄的儿童和成人的教育，然而在实际运用时必须充分顾及教育对象的年龄、能力和文化背景。该方案的理念主要来源于三个方面。一是弗洛伊德及其追随者的心理动力学理论，特别是诸如安娜·弗洛伊德、埃里克森等一些将儿童发展放置于社会背景中的学者的理论。二是皮亚杰、温纳等一些研究兴趣在于儿童认知发展的发展心理学家的理论。三是杜威、约翰森（班克街早期儿童教育方案创建主任）、艾萨克斯和米切尔等一些教育理论和实践工作者。此外，其他许多心理学家和教育家，如勒温、拜巴等人的想法也曾对班克街早期儿童教育方案产生过很大的影响。

2. 班克街早期儿童教育方案的目标和内容

（1）目标

班克街早期儿童教育方案的基本理念是儿童认知发展和个性发展是与其社会化的过程不可分离的，其教育目标如下。

第一，培养儿童有效地作用于环境的能力，包括各方面的能力以及运用这些能力的动机。

第二，促进儿童自主性和个性的发展，包括自我认同、自主行动、自行抉择、承担责任和接受帮助的能力。

第三，培养儿童的社会性，包括关心他人、成为集体的一员、友爱同伴等。

第四，鼓励儿童的创造性。

这些目标都很宽泛，应根据儿童发展的阶段和文化背景的适合性而加以思考和具体化。

（2）内容

在班克街早期儿童教育方案中，课程是综合性的，强调儿童社会性的发

早期教育典型课程方案介绍

---

[1] 参见朱家雄主审，胡娟主编：《幼儿园课程概论》，121～131页，上海，复旦大学出版社，2015。

展，因此，该方案常以"社会学习"的问题为综合性课程的主题，教师为儿童获取学习社会和掌握重要技能的经验提供机会。以社会学习为核心展开的课程，共分为六大类：①人类与环境的互动；②人类为生存而产生的从家庭到国家的各级社会单位及其与人的关系；③人类世代相传；④通过科学、艺术等，了解生命的意义；⑤个体和群体的行为；⑥变化的世界。

3. 班克街早期儿童教育方案中教师的作用

在班克街早期儿童教育方案中，与教育、教学原则有关的社会情感发展方面的目标与认知发展方面的目标存在着很大的区别，因此，在说明教师在教育、教学中所扮演的角色时，这两者需分别加以阐述。

在儿童社会情感发展方面，教师的作用主要体现在以下几个方面。

第一，教师和学校是儿童的家庭世界与儿童的同伴世界及其更大的外部世界之间的协调者。这就是说，教师能给儿童安全感，使儿童克服焦虑和解决离开家长所面临的心理冲突，从而较好地适应社会。

第二，教师和学校的作用是培养儿童的自我发展和心理健康。这就是说，教师应具备称职的母亲和心理治疗师应有的许多特点，还应具有儿童全心意信任的权威性。

在儿童认知发展方面，教师的作用主要体现在以下几个方面。

第一，评价儿童的思维，使之将想法变为行动，或将其想法进行概括和转换；引导儿童达到掌握概念的新水平，或在一定控制下拓展内容的范围。

第二，对儿童的评议、疑惑和行动给予口头的回应、澄清、重述和纠正。

第三，培养儿童直觉的和联结性的思维。

第四，提出能促进儿童归纳性思维的问题。

4. 对班克街早期儿童教育方案的评价

第一，强调让儿童进行有意义的学习，使他们感受到自己的能力。

第二，强调帮助儿童理解对他们成长最为重要的事物，而不是与学习成绩有关的东西。

第三，以儿童为中心，关注儿童兴趣和需要的满足，鼓励儿童主动活动。

也有学者从不同立场对班克街早期儿童教育方案提出了批评。例如，建构主义者德弗里斯认为，班克街早期儿童教育方案提出了将社会情感发展和认知发展整合一体的"整个儿童"的教育理论，但是，在如何选择理论，并将这些理论综合成内在统一的整体时，经常是相互矛盾的。此外，虽然班克街早期儿童教育方案可追溯到进步主义教育运动，但是，该方案主要依据的是儿童发展理论，从儿童发展的一般规律去思考和发展课程，而较少顾及儿童生活所处的文化背景。

（二）蒙台梭利课程模式

1. 蒙台梭利课程模式的理论基础

蒙台梭利早年从事医学工作，研究智力缺陷儿童的心理教育问题，并将对智力缺陷儿童的教育方法运用于正常儿童。一方面，蒙台梭利十分重视遗传素质和内在的生命力，认为正是这种内在的冲动力促使儿童不断地发展；另一方面，蒙台梭利也相信环境对儿童的发展能起到举足轻重的作用。

蒙台梭利认为，生命力不仅通过自发活动呈现和发展，还表现出不同感官的敏感期。例如，儿童对颜色、声音、触摸等感觉的敏感期在2～4岁，而行为规范的敏感期则在2～6岁。这样，环境和教育就成了十分重要的事，因为如果忽视了敏感期的训练，就会产生难以弥补的损失。蒙台梭利进一步认为，每个儿童都有不同的发展节律，教育必须与敏感期相结合，应以不同的教育方式去适应不同的节律，即要实施个别化教学，让儿童根据自己的需要进行活动。因此，儿童的自由成了教育的关键。

总之，"自发冲动""活动""个体自由"，这些都是蒙台梭利教育体系的基本因素。

2. 蒙台梭利课程模式的目标和内容

（1）目标

蒙台梭利课程模式以培养儿童的健全人格为目标，通过作业的方式，让儿童把内在的生命力表现出来，在做作业的过程中培养儿童的注意力，在自由和主动的活动中让儿童自我纠正，使儿童在为其设置的环境中成为具有特质的人。

（2）内容

第一，日常生活练习。日常生活练习旨在培养儿童的独立自主能力和精神，使儿童学习实际生活的技能，并促进儿童注意力、理解力、协调力、意志力的发展以及良好的生活习惯的养成。与儿童自身有关的日常生活练习主要是儿童的自我服务，包括穿脱衣服、刷牙、洗脸、洗手、梳头、洗手帕等；与环境有关的日常生活练习主要是做家务工作，包括扫地、拖地、擦桌椅、摆餐具、开关门窗等。

第二，感官训练。感官训练是蒙台梭利教学法的主要特点，旨在通过视、听、触、味、嗅等训练，增进儿童的经验，让儿童在考察、辨别、比较和判断的过程中提高自己的能力。其中，触觉训练最主要。

第三，肌肉训练。蒙台梭利将肌肉训练看作有助于儿童的发育和健康，有助于促进儿童动作灵活和协调性的发展，也有助于锻炼儿童意志和培养合作精神的活动。

第四，初步知识的学习。初步知识的学习包括蒙台梭利认为的儿童可以学会的阅读、书写和算术。在算术教学方面，除了运用感觉教育的教具，蒙台梭利还设计了一套算术教学的教具，一起用于对儿童实施的算术教学。算术教学教具的运用是与教学目的匹配的。

3. 蒙台梭利课程模式中教师的作用

在蒙台梭利课程模式中，教师扮演的角色首先是观察者。蒙台梭利认为，教师的观察应着眼于儿童的成熟程度，通过对每个儿童因不同刺激而引起注意的时间长短进行观察做出判断。当然，观察不是最终目的，观察为的是对儿童进行引导，在必要时给以指导或适当的刺激，为儿童提供活动的环境和作业的教具，让儿童通过自己的作业，达成自我的发展。

教师的作用还体现在为儿童提供榜样上。由于在活动中教师很少对儿童直接传授知识，教师的榜样作用就显得格外重要。教师的榜样作用需要教师自我完善，其中最有价值的就是对儿童的爱、期望，以及由此而产生的对儿童教育事业的献身精神。

4. 对蒙台梭利课程模式的评价

第一，重视对儿童的爱、信任和尊重，细致耐心地观察，机智及时地指导。

第二，强调个别化的学习，特别是蒙台梭利设计的教具使个别化教学的实施成为行之有效的手段。

第三，强调儿童主动学习和自我纠正，儿童身心的内在潜能能够得到充分的发展。

蒙台梭利的教育体系决定了蒙台梭利课程模式带有相当程度的机械的和形式化的色彩。该课程模式中教师的作用是比较被动的和消极的。此外，还有人批评该课程模式偏重智力训练而忽视情感陶冶和社会化过程。

（三）高瞻（High/Scope）课程

1. 高瞻课程的理论基础

高瞻课程发始于1962年，是美国密切根州高瞻普佩里学校学前教育科研项目的一部分。由韦卡特等人带动的这种早期儿童教育课程，是美国"开端计划"中第一批通过帮助处境不利的学龄前儿童摆脱贫苦的学前教育方案，也是一个令人感兴趣的实验设计方案——儿童被随机抽取和分配，并允许研究者通过对参与该方案的儿童今后生活状况的考察来追踪该方案的作用。

高瞻课程的设计者把皮亚杰的儿童发展理论视为课程的理论基础。

2. 高瞻课程的目标和内容

（1）目标

在高瞻课程发展的第一个阶段，课程目标是有效地促进儿童认知能力的发展，为其今后的学习成功奠定基础。

在高瞻课程发展的第二个阶段，课程设计者强调的是运算要素。他们将皮亚杰的研究结果看作课程目标的直接来源，课程目标是依据日内瓦研究课题——分类、排序、时间关系和空间关系而制定的。每个方面的具体目标都是按照从简单到复杂、从具体到抽象以及从动作水平到言语水平的顺序制定的。

在高瞻课程发展的第三个阶段以后，课程目标发生了几个方面的变化。①那些被称为"认知发展的关键经验"的东西基本保留，但增加了"主动学习"这一部分。课程设计者强调他们的意图是将结构化的目标隐含在儿童活动的背景之中，这一改变是朝建构主义方向的明显转变。②具体的目标领域也发生了一些变化，如数概念的目标已从排序中分离出来，具体包括一一对应、点数5以上的物体以及比较数量；空间关系增加了装拆物体、重新安排和改变物体的空间位置、从不同的空间角度观察季节的变化、认识钟表和日历；语言目标增加了对别人讲述自己有意义的经验、用言语表达自己的情感等。③考虑了儿童社会情感方面的目标。

（2）内容

高瞻课程内容不是有明确规定的系统的学科知识，而是围绕关键经验提供的各种类型的活动；具体内容反映在课室内外的环境设置中，往往以"活动区"为中介开展；关注与发展过程有关的经验。其主要内容包括语言、文字、运动、音乐、分类、排序、数概念、空间和时间等。

3. 高瞻课程中教师的作用

在高瞻课程中，教师主要是儿童解决问题活动的积极鼓励者。教师鼓励儿童去讨论他们感兴趣的主题和想法，理解儿童的思考方式，支持儿童，与儿童一起游戏。

由于高瞻课程并没有结构化的教学内容，因此对教师的要求很高。教师必须在自己组织的活动与儿童自发的活动之间求得平衡。这就是说，教师既要使活动符合每个儿童的兴趣，又要能有力地支持儿童获得课程关注的各种关键经验。

4. 对高瞻课程的评价

多年来，在众多的学前教育方案中，该课程是一种一直能高质量地服务于儿童的教育方案。高瞻课程被人认作"适宜儿童发展的教育实践"的一个例证，对早期儿童教育做出了理想的陈述，并经过多年的深入研究，取得了明显的成效。也许更重要的是，这一课程能使教育者自身得到很好的教育和训练。

▶▶ 二、国内主要早期教育课程方案

目前，国内早期教育机构课程体系的主要源自以下两个方面。

一是借鉴国外的早期教育课程体系。例如，很多早期教育机构将多元智能理论、奥尔夫音乐、瑞吉欧、蒙台梭利、脑科学等理论作为课程设置的理论指导。

二是自主研发课程。在实际运用的过程中，早期教育机构也会结合实际情况，对这些教育理论进行改良和优化。例如，有些早期教育机构聘请专家会同本机构教师共同创编课程，以结合地区及本机构实际，体现本土特色。

专题五　云测试

专题六 早期教育环境

学习目标

1. 了解早期教育环境的概念。
2. 理解早期教育环境创设的意义。
3. 掌握创设早期教育环境的原则。

思维导图

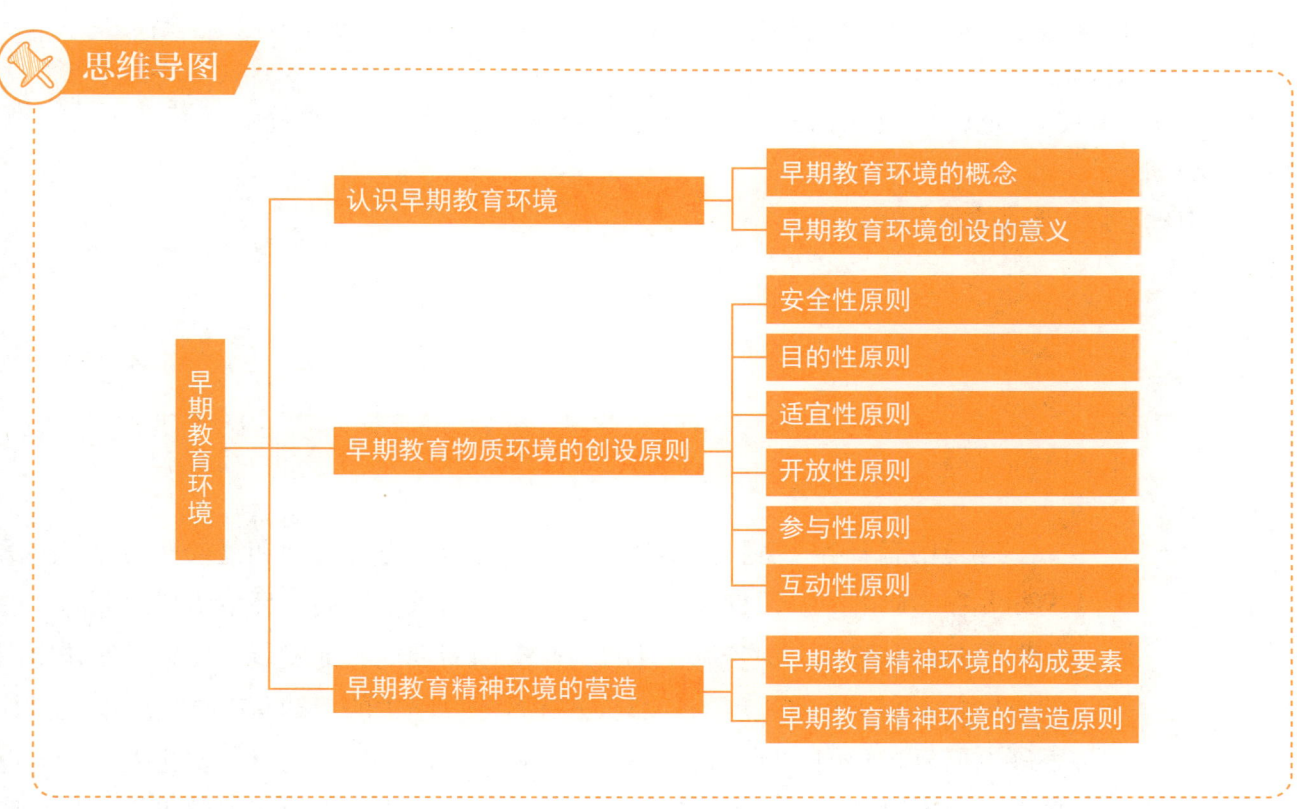

互动交流

早期教育环境对婴幼儿的成长有着至关重要的影响。良好的早期教育环境能引发婴幼儿的主动学习，促进婴幼儿不同领域的发展，为婴幼儿提供游戏的机会，并能减少婴幼儿的行为问题。而早期教育环境不是被动的或一成不变的，环境的创设需要遵循一定的原则。因此，成人要密切关注婴幼儿所处的环境，根据环境创设的原则，为婴幼儿创设符合其身心发展，兼具个性化和多样化的良好环境。对此，你有何看法？

学习主题一　认识早期教育环境

学习初体验

A老师总喜欢收集生活中的废旧材料，如不穿的衣服、零食罐、矿泉水瓶、吸管等，并将这些材料清洗后投放在区域环境中。A老师说，这些废旧材料，有的无须加工，直接利用，有的简单加工后就可以使用。

B老师认为创设早期教育环境时，需要什么材料，都可以直接买到，没有必要去收集生活中的废旧材料。

你认可哪位老师的观点？为什么？

学习笔记

环境中有着各种各样的信息，因此环境也具有综合性和复杂性的特点。而婴幼儿在不同的年龄段，身心发展对环境的需求也不同。环境给婴幼儿的发展创造了条件和基础，但若利用不当，也会阻碍婴幼儿的发展。如果婴幼儿周围的环境是不利于自身发展的，那么处在这个环境中的婴幼儿就会汲取不利于其发展的信息。我们在创造适宜婴幼儿身心发展的环境的同时，要注入人（养育者）的因素对环境加以引导，让婴幼儿通过环境不断吸取正确的成长经验，从而形成自己的知识体系和思维判断。

总而言之，具有丰富的适宜刺激的早期教育环境，对0～3岁婴幼儿发展起着至关重要的作用，能够帮助婴幼儿发展身体、情感、社会性、认知的全部潜能。成人要密切关注婴幼儿所处的环境，尤其是早期教育环境，因为0～3岁是婴幼儿建立安全感和养成核心性格的重要时期。婴幼儿在早期打好坚实的基础，将有助于他们在未来人生道路上的发展。一个适合婴幼儿发展的早期教育环境是需要成人精心规划的，必须能让婴幼儿感到安全。这里指的不仅仅是身体上的安全，还包括心理、情感的安全，要让他们感受到被爱，并且意识到自己和成人是平等的。这个环境还要能鼓励婴幼儿主动探索，并能发展婴幼儿的各类经验。

一、早期教育环境的概念

早期教育的研究者对早期教育环境的分类维度各有不同。

陈鹤琴把环境划分为游戏的环境、劳动的环境、科学的环境、艺术的环境和阅读的环境等。

塞尔玛等人将早期教育环境分为家庭托育环境和儿童托育环境（如早期教育机构）。家庭托育环境包括空间与设备、课程结构、活动、个人的日常照顾、聆听与说话、互动、家长与托育人员。儿童托育环境包括空间与设备、日常例行照顾工作、学习活动、课程活动、倾听与交谈、互动、家长与教职员。

综合来看，大多数专家和学者把构成早期教育环境的因素分为两个主要部分，一是物质环境，即早期教育机构或家庭提供的空间和材料；二是精神环境，该环境对婴幼儿身心的影响取决于家长和教师的水平，其中包括同伴互动、亲子互动、师幼互动等。

本教材将从广义和狭义两个层面，来定义早期教育环境。广义的早期教育环境包括早期教育机构内部和外部的家庭环境、社会环境等一切对婴幼儿身心发展产生影响的外部因素；狭义的早期教育环境则专门指早期教育机构内部婴幼儿身心发展的一切外部条件，按性质可分为物质环境和精神环境。物质环境是指婴幼儿生活、游戏所需要的物质条件，包括家具设备、玩具材料、图书、室内外装饰等一切物质性的东西。精神环境主要包括教师的教育观念、教育方式及人际关系和情感氛围等。物质环境和精神环境是相互渗透、相互作用、相互转化的。

二、早期教育环境创设的意义

创设良好的早期教育环境并引导婴幼儿与环境相互作用是教师必备的能力。良好的早期教育环境是婴幼儿在早期教育机构中生活、游戏的保证，也是成人向婴幼儿进行教育的重要资源。在早期教育活动中，环境作为"潜在课

早期教育环境创设的意义

程"，对婴幼儿成长的意义是多方面的。

（一）良好的早期教育环境能够促进婴幼儿认知的发展

婴幼儿参与活动依赖于环境，早期教育环境作为婴幼儿发展的刺激条件，可以有效地引发婴幼儿主动活动的愿望，从而激发他们学习和探索的兴趣，让婴幼儿在各种尝试中发现问题、解决问题，从而促进婴幼儿感知的发展、注意的提升、思维的形成。例如，环境中绚丽多彩的颜色可以促进婴幼儿颜色知觉的发展，丰富多样的形状可以促进婴幼儿形状知觉的发展，明暗交替的环境布局可以促进婴幼儿空间知觉的发展。环境对婴幼儿思维能力发展的影响主要体现在，一方面婴幼儿所处的环境会影响其思维方式，另一方面婴幼儿思考以及快速应变的能力是在对环境的不断探索中习得的。

（二）良好的早期教育环境能够促进婴幼儿社会性的发展

婴幼儿的社会性是婴幼儿在一定的社会条件下逐渐独立掌握社会规范，正确处理人际关系，妥善自我管理，从而适应社会生活的心理发展过程。婴幼儿社会性的发展是在一定的环境中实现的。早期教育环境也是婴幼儿之间、婴幼儿与成人之间、婴幼儿与材料之间互动的关键因素，对婴幼儿的社会性发展具有潜在的影响。早期教育环境的诸多方面，如环境布置及其营造的氛围，活动空间的安排和活动材料的投放等，都会影响婴幼儿社会性的发展。例如，活动区规则牌的投放有利于婴幼儿掌握并遵守该区域的活动规则；活动材料的投放有利于引导婴幼儿参加合作游戏，提高其合作意识与水平。

（三）良好的早期教育环境能够维持婴幼儿积极的情感

陌生的环境会给婴幼儿的成长带来恐惧。当婴幼儿离开家进入早期教育机构时，总会面对陌生的环境，这就需要在早期教育环境的创设中为婴幼儿提供与其生活环境比较接近的环境布置，消除婴幼儿对新环境的陌生感，营造出"家"的氛围。当处于安全的、有持续良好关系的、能及时得到回应的并且有机会与同龄人建立良好关系的环境中，婴幼儿会产生积极的情绪情感体验，从而促进身心健康发展；相反，当处于不安全的、得不到回应的并且缺乏与同龄人建立良好关系的环境中，婴幼儿会产生消极的情绪情感体验，从而对身心发展带来不利的影响。良好的早期教育环境能够让婴幼儿快速地发现美、感受美、欣赏美。早期教育机构应通过良好的环境创设，培养婴幼儿的审美能力，让婴幼儿在环境中陶冶自己的性情。精心创设的环境能为婴幼儿提供舒适的空间，帮助婴幼儿管理情绪。

（四）良好的早期教育环境能够提高婴幼儿的环保意识

教师可以利用早期教育机构环境创设的契机，潜移默化地提高婴幼儿的环保意识。例如，教师可在班级中设置"百宝箱"，带领婴幼儿一起收集各种瓶、盒、罐、包装纸、塑料泡沫板、吸管等废旧材料。在教师的引导下，婴幼儿可将牙膏盒做成高楼、汽车，让蛋壳变成可爱的小娃娃，用果壳拼贴出许多漂亮的装饰画，用手纸筒做许多花环，继而用这些"变废为宝"的作品来装饰教室。在此过程中，婴幼儿的想象力、创造力和动手操作能力都得到了培养，更重要的是产生了环保意识。

总之，婴幼儿不是环境创设的旁观者，而是环境创设的积极参与者和互动者。在与环境交互的过程中，婴幼儿会根据自己的需要探索环境，其积极性、主动性、创造性会得到最大限度的解放。

学习主题二　早期教育物质环境的创设原则

> **● 学习初体验 ●**
>
> 　　早期教育活动的开展要以基本的物质环境为前提，教师在创设早期教育环境时应遵循环境创设的相关原则。
> 　　对此，你有何看法？

科学创设和利用早期教育物质环境是早期教育工作的重要内容。物质环境的创设既要注意环境的艺术性，也要注意环境的教育功能；既要考虑环境的实用性，也要考虑环境的经济性；既要考虑便于婴幼儿与环境互动，又要考虑环境应该卫生、安全，以下是早期教育环境创设的原则。

▶▶ 一、安全性原则

安全性原则是早期教育机构玩教具配备的首要原则，在环境创设和材料提供的过程中，教师应意识到婴幼儿的安全和健康问题是至关重要的。事实上，无论多么成功地达到其他质量指标，如果安全不是首要关注的问题，那么该环境就不能满足婴幼儿的基本需求。

早期教育物质环境的创设原则

（一）材料安全无毒

1. 所有设备、装饰物、玩具都应采用无毒、不吸尘的材料

0～3岁婴幼儿身心发展受到周围环境的影响，切勿选择劣质玩教具，而应给婴幼儿提供正规厂家生产、符合国家玩具安全标准的玩具。比如选择积木时，要选择那些使用优质油漆、表面光滑无毛刺、边缘圆滑的积木。安全的玩具须符合如下条件：制作良好，不尖锐，没有碎片；使用无毒、无铅颜料装饰美化；不易破碎，容易清洗。

教师应该善于利用生活中简便易得的材料来设计和制作玩教具，自制玩具时也要注意使用干净清洁的、无毒无害的材料。在选择废旧材料时要注意材料的安全卫生，必须清洗消毒，不要使用容易褪色、有污渍难清洗、不安全的材料。生活中可利用的废旧材料有以下两种类型。

第一，无须加工，可直接利用的材料。这类材料进行清洗消毒后即可使用。例如，不穿的衣服，可以让婴幼儿练习扣纽扣、拉拉链；装零食的盒子或是矿泉水瓶，可以让婴幼儿练习打开盖子、关上盖子的动作能力；报纸，可以让婴幼儿练习撕纸的动作能力；照片等，可以引导婴幼儿从外观上区分自己和他人；不同颜色的毛巾、手套、袜子，可以帮助婴幼儿认知颜色。

第二，需要简单加工的材料。这类材料只需教师进行剪、钻、折、插、捏、搓等简单加工制作后就可使用。例如，可以利用纸盒、方便面桶或矿泉水瓶贴上小动物的"脸"，根据婴幼儿的能力挖出不同大小的"嘴"，再提供花生、豆类等食物，让婴幼儿练习用手指或勺子给小动物喂食；穿珠游戏中的珠子，可以利用平时剩余的大小吸管剪切成段来替代，也可以利用纽扣、钥匙扣等物品来替代珠子；嗅觉瓶也可以利用矿泉水瓶自制。

总之，无论是购买的现成玩具，还是自制玩具，都必须考虑安全性原则。此外，要使用无铅油漆粉刷墙壁等。

2. 规避环境中任何有潜在危险的元素

例如，覆盖插座；消除家具和内置储存空间的锋利边缘；任何轻型设备都应该靠墙摆放或者靠在其他坚固的表面上，以避免被婴幼儿撞倒或者拉翻。

软包装的墙面适合婴幼儿触摸，可以在"摸一摸"触觉区制作以海绵纸为主材料的小火车，使婴幼儿通过触摸感知光滑与粗糙、直线与曲线。

（二）定期清洁消毒

清洁是维护健康环境的重要因素。例如，教师应该每天打扫教室，及时处理当天的垃圾；在如厕或更换尿布之后、涂鸦活动之后、饭前饭后要洗手等。

要对婴幼儿使用的设备材料进行消毒。例如，在婴幼儿用餐前后，应该给

桌子消毒；婴幼儿使用的玩具材料要定期更换、清理、消毒。这一工作对于保证婴幼儿安全以及预防婴幼儿疾病等发挥着关键的作用。

二、目的性原则

目的性原则是指环境创设的目标要与早期教育目标相一致。为使环境为教育目标服务，教师在创设环境时应考虑以下两点。

第一，环境创设有利于早期教育目标的实现。在创设环境时，教师要考虑体、智、德、美四育不能重此轻彼。

第二，应根据早期教育目标，对环境创设做系统规划。在制订每一个活动计划时，教师都应考虑为了达到这些目标，需要怎样的环境与之配合，怎样创设才比较合理等。

三、适宜性原则

适宜性原则是指早期教育环境创设要符合婴幼儿的年龄特征及发展需要，促进每个婴幼儿全面、和谐的发展。也就是说，早期教育环境创设应符合婴幼儿的身心发展规律和"最近发展区"。

（一）考虑不同年龄阶段婴幼儿的发展水平

不同年龄段的婴幼儿发展水平不同，对环境的要求也有所不同。因此，环境创设的内容、材料要体现层次性和递进性，如对处于感知运动阶段的婴幼儿来说，环境必须鼓励其基本运动技能的发展和感觉经验的获得——新的声音、质地、表面。

（二）考虑相同年龄阶段婴幼儿的个体差异

同一年龄段的婴幼儿在能力、兴趣、发展速度方面也存在个体差异，要让每个婴幼儿在环境中得到最大限度的提高和发展。因此，教师要善于观察和评价每个婴幼儿的发展状况，为不同水平的婴幼儿创设不同的活动区域和游戏环境，满足每个婴幼儿的发展需要。

例如，锻炼婴幼儿抓握能力的玩具，教师可以提供积木、饼干、豌豆三种不同大小的材料，以满足婴幼儿"五指抓握—三指抓握—二指捏"的能力发展需要；锻炼婴幼儿感知动作与事物之间的关系，教师可以提供一拉线就会向前跑的小车、摇铃等，以便婴幼儿可以根据自己的兴趣和喜好选择玩具游戏；婴幼儿玩穿珠游戏，教师可以提供珠眼大小不同的珠子、粗细软硬不同的线，由婴幼儿进行自主选择。

四、开放性原则

首先,开放性原则体现在选择、组织、利用外界环境中富有教育价值的积极因素,控制与消除消极因素,有效利用家庭、社区资源,合力促进婴幼儿的全面发展。

其次,开放性原则体现在投放的玩教具面向婴幼儿开放,充分得到利用。玩教具只有在被使用的过程中才能发挥其价值,只放在橱窗里被欣赏或放在柜子里被保护的玩教具是没有生命力的。

最后,开放性原则体现在投放具有开放性特点的玩具。开放式的玩具是最受欢迎、最常用的教具,可以灵活使用,不指定使用方式和玩法。例如,自制嗅觉瓶可以锻炼、发展婴幼儿的感知觉,同时教师也可以让婴幼儿说出闻到的是什么气味,以发展婴幼儿的语言表达能力,还可以让婴幼儿将材料放入嗅觉瓶中,拧紧瓶盖,发展婴幼儿的精细动作能力。沙蛋一方面可以用作音乐游戏的乐器,另一方面也可以用作"捡蛋"游戏的材料。教师将沙蛋散放在活动室地面,鼓励婴幼儿四处寻找,并蹲下捡起沙蛋,这可以锻炼学步期婴幼儿的行走能力和站立下蹲的能力。

五、参与性原则

婴幼儿是早期教育环境中的主体,如果教师在创设环境时把婴幼儿放在一边,他们不愿意或没机会到所布置的环境中活动,那么再精心的设计也无法发挥其教育功能。因此,在早期教育环境的创设与利用中,教师应该坚持让婴幼儿参与其中。参与是婴幼儿的一项基本权利,环境创设的过程应是教师与婴幼儿合作的过程,教育者要有让婴幼儿参与环境创设的意识,认识到早期教育环境的教育性不仅蕴含于环境之中,也蕴含在环境创设的过程中。教师应与婴幼儿共同确定环境布置的主题材料、作品风格等,并在课程实施过程中充分利用创设的环境,使之能真正推动婴幼儿的发展。

此外,婴幼儿主要是通过视觉、触觉等方式来进行感知的。因此,教师应让婴幼儿通过参与室内环境的布置来了解环境构成要素,并以此提高婴幼儿的环境适应能力。

六、互动性原则

互动性原则指的是早期教育环境对婴幼儿的有效回应,即提供给婴幼儿的环境应该是可操作的、互动的。

有效的环境创设并不仅仅是材料的简单投放,而是给婴幼儿提供互动性较强的玩教具，投放的材料是婴幼儿能够操作、摆弄的材料。在婴幼儿操作、摆弄的过程中，材料能够给婴幼儿提供反馈信息，对婴幼儿的动作进行有效回应，以激励婴幼儿持续探索和玩耍。

学习主题三 早期教育精神环境的营造

学习初体验

物质环境和精神环境是相互渗透、相互作用、相互转化的。你认为早期教育精神环境包括哪些内容？应如何营造？

一、早期教育精神环境的构成要素

早期教育精神环境是一种文化氛围，即早期教育机构长期形成的共同的价值观念和行为方式。它存在于早期教育机构教职工的观念及行为中，物化于早期教育机构的物质环境中。

早期教育精神环境是一种心理氛围，即压制还是民主，积极还是消极，自由还是束缚，接纳还是拒绝，热情还是冷漠等。

早期教育精神环境是一种人际关系，包括师幼关系、同伴关系、同事关系及家园关系等。

二、早期教育精神环境的营造原则

（一）创设舒适整洁的物质环境

早期教育机构的环境应具有安全、舒适、卫生、适宜婴幼儿需求等特点；环境布置、材料摆放和空间安排应该做到绿化、净化、美化、秩序化，并具有教育性，能满足婴幼儿的发展需要；活动室应该宽敞明亮。当创设的物质环境最大限度地推动婴幼儿发展、防止其出现问题行为、促进其适宜性行为时，教师的幸福感也会增强。更为直接的是，如果教师在令人愉悦的环境中工作，如果有指定的地点供教师休息和制订计划，如果教师的需求被妥帖地考虑到，那么教师工作起来会更加愉快。

(二)构建良好的人际关系

人际交往是早期教育工作和管理活动的基本形式,无论是教师之间还是师幼之间,所有的行为规范和集体准则都是在人际交往与协调过程中逐步形成的。教师和婴幼儿都有喜欢交往的倾向,通过交往活动,他们都能使各自的心理愿望和精神需要得到满足。应该通过富有感情色彩、充满友情的交往方式,消除教师和婴幼儿之间人际交往的紧张。教师应掌握和认识婴幼儿与人交往过程中的各种方式和活动规律,以便针对婴幼儿的差异,有效地锻炼他们的社交活动能力。同时,教师应成为婴幼儿人际交往的榜样。在缺乏人际交往互动的环境里,婴幼儿无法获得人际交往所需的相互性和意向能力,无法获得意义感,不能认识关系。因此,教师要运用适宜的方式培养婴幼儿良好的交往品质。

(三)满足婴幼儿和教师的情感需要

在环境创设中,教师应该关注婴幼儿的情感安全。保证情感安全的方式之一便是理解婴幼儿和教师都有他们自己的需要。

婴幼儿的情感需要可以通过安全的环境得到满足,而这种环境应当包括休息和放松的机会以及探索和享受快乐的机会。在早期教育机构环境中,婴幼儿对私人空间的需要可以在一个有个人物品的空间和可以独自游戏的活动室等空间环境中得到满足;婴幼儿主动参与活动的需要可以在一个提供了探索和做出决策的机会以及有围绕着婴幼儿的多种能力和兴趣水平而准备的材料与活动的环境中得到满足;婴幼儿自我表达的需要可以在一个鼓励想象游戏、幻想、创新思维和创造性问题解决方式的环境中得到满足。教师应观察、了解不同月龄阶段婴幼儿的情感需要,把握婴幼儿的情绪发展变化,态度亲切,动作轻柔,尊重并满足婴幼儿合理的情感需求。

教师的情感需要可以通过和活动室里其他教师或者保育工作人员一起分享责任、及时地得到工作反馈、拥有继续学习和在职培训的机会等得到满足。教师对私人空间的需要可以通过工作时间表的安排、让独自活动的时间等得到满足,教师对自我表达的需要可以通过把教师理解为主动的、有创造性的、有游戏性的和有思想的个人并给予支持的氛围来得到满足。

专题六 云测试

专题七

早期教育机构与家庭、社区、幼儿园的关系

学习目标

1. 了解早期教育机构、家庭和社区在早期教育中的作用。
2. 掌握整合早期教育机构、家庭和社区三方资源的意义及原则。
3. 领会早期教育机构与幼儿园教育一体化的含义及推进托幼衔接的路径。

思维导图

```
                                              ┌─ 早期教育机构与家庭相辅相成
                    ┌─ 早期教育机构与家庭和社区 ─┤
                    │   的密切配合              └─ 早期教育机构与社区合作共育
早期教育机构与家庭、│
社区、幼儿园的关系 ─┤                              ┌─ 当前我国早期教育公共服务体系面
                    │                              │   临的问题与挑战
                    │  早期教育机构与幼儿园的      ├─ 实施托幼一体化改革的时代价值
                    └─ 衔接——托幼一体化改革 ─────┤
                                                  ├─ 构建托幼一体化的内涵
                                                  └─ 推进托幼一体化的实践路径
```

互动交流

4月23日上午，本着服务幼儿、服务家长、服务社会的宗旨，德清县机关早期教育机构和群安小区共同举办了亲子园进社区的示范活动。在自然、宽松的环境中，教师们引导0～3岁婴幼儿及其家长开展了丰富、有趣的亲子活动。活动内容有亲子操、亲子游戏（夹夹乐、喂豆豆等）。参加活动的0～3岁婴幼儿有50多个，发放调查问卷50多份，活动场面生动、活泼。亲子园进社区，为家长和婴幼儿创建了一个相互交往的平台，对0～3岁婴幼儿的家庭教育及家长教育观念的转变有积极的促进作用。[1]
对这个案例，你有哪些想法？

学习主题一 早期教育机构与家庭和社区的密切配合

学习初体验

新星早教中心自2003年9月挂牌为杭州市余杭区早期教育研究发展实践指导中心，本着"服务社区"的思想和"让每个孩子拥有一个最佳的人生开端"的工作信念，承担了对全区散居社区0～3岁婴幼儿的家庭教育指导工作。新星早教中心以社区为依托，以社区0～3岁婴幼儿及其看护人为对象，以转变家长观念、提高家长亲职教育技能为目的，以唤起社会对早期教育的重视、提高余杭区人口的整体素质和家庭教育的整体水平为最终目标，通过多种形式走进社区、走入家庭，开展了一系列的亲职教育活动，全面启动了早期教育进社区工作。

如何看待新星早教中心与社区、家庭之间的关系呢？

学习笔记

早期教育机构、家庭和社区都是早期教育资源的重要组成部分，三者关系密切，在早期教育中相互影响、相互促进。加强早期教育机构和家庭、社区的密切合作，可以推进早期教育健康有序地发展。

▶▶ 一、早期教育机构与家庭相辅相成

（一）早期教育机构和家庭合作的内涵

习近平总书记指出："办好教育事业，家庭、学校、政府、社会都有责任。"[2]
因此，早期教育机构与家庭合作是指早期教育机构和家庭双方积极主动地相互了

---

[1] 来源于德清教育信息网，有改动。
[2] 教育部课题组：《深入学习习近平关于教育的重要论述》，87页，北京，人民出版社，2019。

解、支持、配合，共同促进婴幼儿的身心和谐发展的活动。早期教育机构与家庭的合作是双向的，但相对而言，家庭特别是家长应处于主导地位。这是因为婴幼儿大多数时间还是在家庭当中度过的。但是，早期教育机构的教师是相对专业的教育工作者，懂得婴幼儿身心发展的特点和规律，掌握了科学的早期教育方法，有责任唤起家长的主人翁意识，激发他们积极合作的精神与态度。只有家长的主动性被激发，早期教育机构和家庭的合作才能有效。正确理解早期教育机构与家庭合作的内涵，需要把握以下几点。

第一，早期教育机构与家庭合作是一种双向互动的活动。

一方面，早期教育机构应视家长为支持、促进其孩子成长过程中的积极合作者，帮助家长了解孩子在机构中的生活学习情况，认真考虑家长提出的意见和建议，邀请家长参与早期教育机构的教育活动，发动家长为早期教育机构教育提供教育资源，并对家长的教养方式和早期教育机构合作的方法进行指导。

另一方面，家长要积极向早期教育机构提出自己对教育孩子的看法，对早期教育机构为孩子提供的一切做出主动回应。

第二，早期教育机构与家庭合作要考虑早期教育机构和家庭双方的需求。

早期教育机构与家庭合作围绕的核心是婴幼儿，但各自的立场又不完全一致，特别是家庭对早期教育的需求是多样化的。因此，双方的合作既要考虑早期教育机构相对统一的保教制度与措施，又要考虑家庭的具体要求，目的是共同为婴幼儿的成长创造良好的环境。

第三，早期教育机构与家庭合作需要合作双方有积极主动的态度。

这包括家长对孩子的爱心与责任感、对早期教育机构乃至整个教育过程的信任与支持，也包括教师对家长的热情接纳和对家长参与的信心。

（二）早期教育机构和家庭合作的意义

早期教育机构与家庭合作，既有利于婴幼儿的成长和发展，也有利于早期教育机构的教育和婴幼儿的家庭教育。

1. 为婴幼儿身心健康发展创造良好的条件

第一，早期教育机构、家庭相互合作形成合力。

早期教育机构和家庭，尤其是家庭，是婴幼儿生活和学习的地方。随着婴幼儿从家庭到早期教育机构，又从早期教育机构到家庭，这两个环境之间就自然发生了联系。这种联系是否有利于婴幼儿身心健康发展，取决于这两个环境对幼儿施加的教育影响在方向上是否一致。如果来自不同环境的教育影响在方向上是一致的，那么就可以相互支持，形成影响婴幼儿发展的合力。如果来自不同环境的教育影响在方向上不一致，就会减弱和抵消各自的教育影响，甚至给婴幼儿的成长造成负面影响。

第二，早期教育机构充分利用家庭学前教育的资源。

家长是教育幼儿的重要力量，家庭是婴幼儿学习与发展的重要环境与影响资源。家庭早期教育具有广泛性、潜移默化性、终身性。家长和家庭千差万别，有早期教育机构所不具备的独特而丰富的资源优势。早期教育机构只有有目的、有意识地和家庭建立良好的合作关系，才能充分利用资源，有效地促进婴幼儿身心健康发展。

2. 为早期教育机构的教育工作创造有利的条件

第一，利用家庭、家长的资源丰富早期教育机构的教育形式、内容等。

一般来说，家长都很关心自己孩子的成长和教育，愿意主动参与早期教育机构的活动，早期教育机构和家庭之间良好的合作关系可以使早期教育机构从家长那里获得多种支持。家长对教育工作的支持，不仅限于配合教师，做好对自己孩子的教育工作，保持教育要求的一致性、一贯性，还可以直接参与早期教育机构的教育活动，丰富早期教育机构的教育内容、教育形式等。

第二，交流教育信息，赢得家长对早期教育机构教育的支持。

通过合作，家长会了解早期教育机构教育的内容，理解早期教育机构教育的原则与方法，能积极支持早期教育机构的教育工作，从而使早期教育机构能够更好地实施教育。如果没有家长的支持，那么，早期教育机构也就无法更好地开展保教工作。

3. 密切亲子关系，改进家庭教育

第一，早期教育机构与家庭的合作为密切亲子关系提供了新的途径。

家长通过参与婴幼儿的教育活动，可以有机会了解自己的孩子在早期教育机构的生活和学习，更早、更好地认识自己孩子的特点。家长和孩子一起参与早期教育机构组织的活动能够有效密切亲子关系。

第二，家长可以从早期教育机构获得科学育儿的知识与能力。

家长能通过学习和认识早期教育的真正含义，增强开展亲子教育的能力，改善家庭早期教育的质量。

综上所述，早期教育机构与家庭这种互相促进的作用能够使双方都能受益，而最大的受益者是婴幼儿。

▶▶ 二、早期教育机构与社区合作共育

（一）早期教育机构与社区合作共育的含义

早期教育机构与社区合作共育是指早期教育机构与其所处的社区密切结合，共同为婴幼儿的健康成长服务。

社区是由聚居在特定区域内互相联系着的，具有共同成员感、归属感的人

群所组成的社会生活共同体。它包含三个要素：特定的区域、一定数量的居民、共同的认同心理和归属感。特定的区域可以大至城市社区、农村社区，也可以小至街道。早期教育机构作为服务于家庭、服务于婴幼儿的教育机构，总是以某一个有相对明确范围的居民居住的社区为依托的，与社区有着天然的不可分割的联系。

早期教育机构与社区的合作是相互的、双向的。一方面，早期教育机构要和所在社区合作，从社区那里获得物质、精神的支持，充分利用社区的丰富资源环境开展早期教育机构的教育活动等。另一方面，社区也在合作中，从早期教育机构那里获得支持，丰富社区教育和精神资源，提升社区的文明水平。

（二）早期教育机构与社区合作共育的意义

1. 利用社区资源更好地开展早期教育机构活动

早期教育机构开发与利用社区教育资源，能为婴幼儿身心全面、健康发展创造更好的保育和教育条件。

第一，充分利用社区环境中富有教育意义的自然和人文景观、历史文物、遗迹等，不仅可以扩大早期教育机构教育的空间与资源，更可以丰富和深化早期教育机构教育的内容。

第二，社区作为一个生产功能、生活功能、文化功能兼备的居民生活小区，能为早期教育机构提供所需要的人力、物力、教育场所等方面的支持，如社区的场地可以成为早期教育机构的活动场所。

第三，社区文化无形地影响着早期教育机构的教育。优秀的社区文化更是早期教育机构教育的宝贵资源。一般来说，社区文化氛围浓，早期教育机构的办学质量也会较好，其中社区的影响无疑是一个重要因素。

2. 早期教育机构能为社区提供教育和文化的支持

早期教育机构作为社会专门的教育机构，拥有较丰富的教育资源。在全社会都在重视早期教育的今天，早期教育机构应该发挥自己优势，主动与社区合作，向社区辐射自己的教育功能，为社区提供教育和文化的支持，促进社区的精神文明建设服务，共创婴幼儿发展的良好社会环境。

第一，为社区每个家庭乃至所在社区的全体成员提供优生、优育、优教方面的服务和指导，尤其是在社区开展早期教育指导。

第二，结合社区居民实际需要组织富有地域特色的保育、教育服务，提高社区的教育服务水平。

第三，参与、支持社区的文化活动。早期教育机构可以利用自身优势，如艺术教育优势，参与社区的文化演出、表演等活动，发挥早期教育机构的教育和文化功能。

相关链接

一些重视早期教育的社区，把科学育儿指导的任务落实到位，尝试和卫生部门、教育行政部门牵头，有领导、有组织地整合各种资源，为社区内的0～3岁婴幼儿和家长提供早期教育服务，并将此列为和谐社区的工作内容。例如，社区医院设有准妈妈学校，孩子出生后有上门指导、身心体检和跟踪测评等；社区定期举办亲子活动等。社区会在尊重家长不同教养方式的前提下，为不同月龄婴幼儿的父母提供早期教育服务，给予家长生活养育、护理保健等方面的科学合理的育儿指导。例如，宣传母乳喂养，按孩子的实际需要逐步添加辅食及生长发育所需的营养补充剂。随着我国经济的发展以及人口素质的提高，此类社区亲子教育将成为早期教育的主流力量。

学习主题二　早期教育机构与幼儿园的衔接——托幼一体化改革

学习初体验

国家出台了一系列促进托育发展的文件，如《国务院办公厅关于促进3岁以下婴幼儿照护服务发展的指导意见》等。生育政策调整后，社会早期教育机构的需求越来越强烈。2018年，上海市出台《关于促进和加强本市3岁以下幼儿托育服务工作的指导意见》，启动试点托幼一体化。国家层面有关部委也在研究托幼一体化的政策与操作路径，托幼一体化改革时代已经来临。

关于这方面的政策，你还了解哪些？

_____

_____

_____

知识拓展

早期教育机构与幼儿园的衔接——托幼一体化（一）

▶▶ 一、当前我国早期教育公共服务体系面临的问题与挑战

目前，我国的托幼一体化还处于摸索阶段，早期教育行业存在供给不足、机构良莠不齐、监管体系不完善、专业队伍不足等一系列问题，亟待找准改革突破点，切实满足当前人民群众对早期教育公共服务的迫切需求。

（一）早期教育公共服务数量、质量无法满足需求，入托率低

2016年，"入园难"进一步缓解；2017年，《教育部等四部门关于实施第三期学前教育行动计划的意见》进一步提出，到2020年基本建成广覆盖、保基本、有质量的学前教育公共服务体系，全国学前三年毛入园率提升至85%。与此同时，0～3岁托幼服务则发展水平较低，远不能满足家庭需求。

我国3岁以下早期教育服务发展领域的主要问题是人民日益增长的美

好生活需要和托幼服务不平衡、不充分的发展之间的矛盾。计划经济条件下的托儿所体系瓦解，而新的体系尚未建立，特别是随着我国生育政策的调整，双职工家庭养育孩子的问题越来越突出，对托育的需求由此凸显出来，造成0～3岁托儿需求与服务供给矛盾突出。

从国际比较来看，近年来婴幼儿教育和照看取得了快速发展。2017年，《强势开端2017：早期教育发展关键指标》（Starting Strong 2017: Key OECD Indicators on Early Childhood Education and Care）的数据显示，2014年经济合作与发展组织成员方的儿童基本能享受至少一年的早期教育和机构照看机会，0～3岁婴幼儿在正式托幼机构的照看比例为34%。其中超过50%的国家有法国（52%）、荷兰（56%）、卢森堡（55%）、丹麦（65%）、比利时（55%）、挪威（55%）、冰岛（60%）。

近几年，我国0～3岁婴幼儿早期教育公共服务发展滞后，供需矛盾突出，在相当程度上影响生育政策的实施。根据国家统计局发布的2018年新生儿数据，人口出生率为10.94‰，和2017年相比，新生儿人数减少约200万人，下降幅度约10%。从长远来看，早期教育服务滞后也不利于儿童发展、妇女就业以及社会经济的发展。

（二）托幼管理体制割裂，存在诸多弊端

当前国际社会普遍将托幼服务政策不仅作为教育政策，而且还将其作为家庭政策、社会政策的一个重要组成部分。很多发达国家都重视托育公共服务政策，并将其作为政府不可推卸的责任。这些国家逐渐认识到幼保分离的局限和问题，在管理上逐步解决托幼一体化割裂问题，不断开展一体化的实践探索。

我国目前0～6岁托幼断裂为两段，3～6岁归教育部门管理，3岁以下则多由国家卫健委等管理指导，但因没有明确的管理部门，3岁以下托幼管理存在不到位、不规范的问题。实施托幼一体化改革已成为推动早期教育机构与幼儿园的衔接的重要路径与发展方向，构建托幼一体化管理体制问题应被提上议事日程。我们要探索政府各部门特别是教育、卫生、社区管理部门、妇联和托幼机构共同参与的多形式、多类型、灵活多样的普惠性托幼一体化服务，以满足人民群众的需求。近年来，部分地区已开展有益探索。例如，上海市2018年出台《关于促进和加强本市3岁以下幼儿托育服务工作的指导意见》，鼓励有条件的区在新建配套幼儿园时，落实托班的建设要求，满足举办托班的用房需求；通过改建、扩建幼儿园，增加托班的资源供给；鼓励民办幼儿园开设托班等。

（三）经费投入不足，师资队伍匮乏

国内托幼一体化起步较晚。据了解，针对 2～3 岁婴幼儿，很多民办园都有托班，公办园由于学位少，大部分没有托班。运城幼儿师范高等专科学校的张翔升认为，真正意义上的托幼一体化的幼儿园还没出现。

现在的职业技术学院、幼师高等专业学校，在托育专业课程设置方面还没有统一标准，人才培养体系、师资问题已成为制约托幼一体化的瓶颈问题。

▶▶ 二、实施托幼一体化改革的时代价值

（一）构建终身教育体系的迫切需要

联合国儿童基金会、经济合作与发展组织等国际组织长期以来本着促进儿童早期发展、促进妇女就业、帮助父母平衡工作家庭的理念，呼吁国际社会和各国政府重视儿童早期养育和教育，并提倡 0～6 岁托幼一体化。所有儿童都应享有接受优质学前教育的权利已经成为国际共识，2015 年联合国教科文组织发布的《教育 2030 行动框架》也将提供优质的学前教育列为联合国可持续发展目标的子领域，纳入包容、公平和优质的全民终身教育体系中。

（二）国家战略利益的必然要求

从未来国家人才竞争角度考虑，早期教育对于国家战略的重要性得到了当今世界各国的普遍认同。例如，瑞典从 1990 年开始的"幼保一体化"改革，以及目前为止一直在不断完善发展的托幼公共服务事业，正是基于这种对国家利益的认同。在多年社会共识的基础上，法国政府愈加重视男女两性在各领域的全面平等，以及家庭政策、儿童照看和教育政策的不断完善。法国政府更多地从促进男女平等、有利于妇女生产后的职场回归、充分实现妇女就业、提倡父母双方分担育儿责任的角度出发，在促进性别平等的政策框架下，在 3 岁以上幼儿学校实施义务教育的基础上，重视扩大 0～3 岁婴幼儿照看和保育服务的提供。

（三）学前教育改革发展的重要方向

托幼一体化成为时代的呼唤。一些国家开始重视并将早期教育纳入托幼一体化进程。日本也为促进儿童发展、防止少子化、促进妇女就业，在托幼公共服务理念上也有了较大变革。例如，日本于 1946 年开始实施"幼保一体化"，其最初目的主要是结合幼儿园的教育和保育所的养护功能，强调婴幼儿时期的养护教育是不可分割的，应注重保育的一贯性，维护儿童的利益，让幼儿获得良好的身心发展。从 2004 年开始，日本政府提出"幼保一体化"的"综合机

构"构想,并于 2006 年付诸实施。2012 年,日本公布相关法案,拟于 2015 年推行"综合幼稚园"制度。尽管目前日本"幼保一体化"没有完全实现,但融合的趋势已日益明显。

三、构建托幼一体化的内涵

从广泛的意义及实践的角度考查,"托幼一体化"应当包含两层含义:其一,托儿所、幼儿园管理体制一体化,即理顺托幼管理体制,既涉及行政管理体制,也涉及办园体制等方面。其二,托儿所、幼儿园教育一体化。当前 0~3 岁婴幼儿的教育已引起社会、家庭和政府各方面的重视,亲子学苑的开展,家庭教育指导工作的深入都推动了从 0 岁开始的教育研究及其实践。但如何把握该年龄段婴幼儿身心发展规律,如何确定完整的教育目标,形成有效的教育方案,实施有针对性的教育策略,这些问题还需要进一步探讨。

托幼管理的一体化与托幼教育的一体化是相互连接、相互作用的,在认识托幼一体化的过程中,应该把握好两者的关系。管理一体化的实现可以从根本上保证教育的一体化,教育一体化是实现托幼一体化的关键。0~3 岁婴幼儿和 3~6 岁幼儿各具不同的发展需求,只有将两者视为一体,有目的、有计划地整体施以教育,才能满足两者不同的发展需求。由于历史的原因,这两个阶段的教育严重割裂,而这显然并不符合儿童身心发展的规律。从这个意义上来说,托幼一体化不能局限在两种年龄班的合并上。托幼教育一体化的问题,不是两者衔接或两种教养机构简单"叠加"的问题,而是整合两类教育的优势,形成教育合力,实现对 0~6 岁儿童的全面教育。

(一)托幼一体化教养机构有效衔接合作

世界儿童基金会的西里尔·达莱斯指出:"现在必须更强调让家长和其他家庭成员在发展幼儿潜力方面发挥积极作用。"❶ 家庭、社会机构和教育机构各有特点,应通过有目的的组织,发挥各个方面的优势作用。教育机构是有目的地实施正规教育的场所,对于婴幼儿的交往、社会性情感和认知发展起着积极的作用。社会教育机构的类型多样,对婴幼儿而言,博物馆、艺术馆、公园等都具有娱乐和教育的双重功能,是促进婴幼儿发展的良好场所。婴幼儿教育的机构设置仿效正规的幼儿园教育是不适宜的,婴幼儿的教养必须依赖于社区、家庭等各种组织和机构提供的条件和服务,所以托幼一体化需要加强正规教养机构与家庭和社会各种非正规机构的协同与合作,真正打造早期教育的共同体。

---

❶ 转引自汤含倩:《亲子共育理念下托幼衔接路径探索》,载《教育学论坛》,2021(22)。

（二）整合建构托幼一体化教育目标

教育一体化的观念是把0～6岁儿童作为一个整体进行考虑，既要注意3～6岁阶段幼儿处于正式学习的准备阶段，也要考虑到0～3岁婴幼儿个体在身体发展过程中各方面发展的优势和能力。0～6岁儿童的教育应以为未来的学习和社会生活做准备为起点，注意启蒙的、愉快的、有益的学习和经验积累。因此，在教育目标的设立中，既不能把0～3岁和3～6岁两个教育阶段截然分开，也不应把0～3岁教育的目标混合到3～6岁教育的目标中去。目前对3～6岁幼儿教育的研究更多一些，教育方案或课程比较成熟。而对0～3岁婴幼儿教育的研究，尽管已形成托儿所教材和小儿养育的卫生保健教育体系，但教育的方案或课程的适用性仍需重视。例如，在幼儿园中开设2.5～3岁的托班，教师以幼儿园常规的教学模式进行教育，就会造成托儿班变成幼儿班的小型化、低龄化的倾向。日本在"幼保一体化"过程中，有的地方已开始融合厚生省的《保育指南》以及文部科学省的《幼稚园教育要领》，形成0～6岁课程的一贯化，整合后的课程活动纲要暂时命名为《儿童指南》，从而实现保育与教育内容的一体化。这些经验值得我们学习借鉴。

（三）提高托幼一体化师资队伍素养

托幼一体化的教养机构人员队伍主要由教师（直接面对儿童）、咨询人员（面对家长的专家）和保育人员（儿童护理和养育）以及管理人员三方面人员组成。他们虽然岗位不同，但都需要进行适合的保育、保健上岗前培训。要按1∶4至1∶3的比例配备保教人员。

四、推进托幼一体化的实践路径

（一）重视履行托幼一体化责任

当前，一些发达国家将0～3岁托幼服务作为重要的公共服务内容，重视其公共产品和服务的属性，重视其与妇女就业、家庭经济收入、男女两性平等、鼓励生育等经济社会和人口发展目标的关系。逐步建立起0～3岁婴幼儿照看和教育的托幼服务体系，通过制定有利于家庭的政策，提供价格适宜并且保证质量的公共照看机构，不断提高托幼服务水平，帮助婴幼儿父母解决托幼问题，为妇女发展创造平等就业的机会和环境，成为大多数国家制定实施托幼政策的重要目标，也成为许多国家帮助父母尤其是母亲取得工作家庭平衡的公共政策选择。例如，1993年，新西兰启动了0～3岁婴幼儿早期教育计划——"普鲁凯特计划"，2002年又制订了"早期教育十年战略计划"，提出强化政府的早期教育责任。

早期教育机构与幼儿园的衔接——托幼一体化（二）

（二）优化托幼师资队伍培养

日本的幼稚园教师和保育所保育员归属不同部门管理，但随着"幼保一体化"的开展，近年来在师资要求上也渐趋一致。在师资的培养方面，根据日本《学校教育法》规定，幼稚园教师的资格取得与小学教师的职前教育要求一样，必须在指定的四年制大学或短期专门学校修完指定课程并获取毕业证后，再向政府报名进行资格考试，获取幼稚园教师资格。而保育所保育员则要高中毕业以后在大学学习两年以上，修完规定的专业课程和学分，并取得资格证。两种师资要求方面的差异，一定程度上影响了保教质量。为此，1998 年，日本文部科学省和厚生劳动省发表了《为支援儿童和家庭的共同行动计划》，展开了双方协同研究，使幼稚园教师及保育员学习科目趋于共通。2004 年，日本文部科学省决定开办"幼稚园教师资格认定考试"，试图打破幼稚园教师的资格证只能在大学或短期大学取得的规定，限定具有保育所工作经验的保育员参加。厚生劳动省也决定同意幼稚园教师在参加保育员资格考试时抵免部分科目。关于幼保师资的培养、资格证书获得的这番改革，表明文部科学省与厚生劳动省已经开始检讨设置融合保育所和幼稚园功能的综合设施。在此综合设施工作的专业人员，必须同时具有保育员和幼稚园教师的资格。这值得我们借鉴。

（三）多措并举加强托幼机构建设

西安文理学院学前教育学院院长蔡军表示，要实现好托幼一体化，就要注重实现 3 岁以下托育机构设置方式多样化，既可以依托幼儿园设置，也可以单独设置；要鼓励 3 岁以下托育机构运营方式多元化，即社区办、企事业单位办、社会资本办等多措并举。

法国 0～3 岁婴幼儿照看形式类型多样，通常可分为以下几类：集体照看机构，包括托儿所、微小托儿所、街区临时照看处、多重照看机构或者儿童花园等；母职助理，在自己家里或者母职助理屋接收照看婴幼儿；企业托儿所，其中有不少也向当地社区家庭开放；父母托儿所，是由父母联合组织举办的集体托儿机构；儿童娱乐活动中心，面向 2～6 岁幼儿，通常在上下学前后、午休时间、学校假期等为幼儿安排各类文体娱乐活动。这些机构通常需要由省级理事会主席签批或需要向省级社会融合和人口保护服务部门报备。

（四）完善托幼一体化政策立法

瑞典托幼公共服务的最大特色在于学前教育立法、托幼一体化管理及管理监督体制的健全完善。基于有不断健全的政策法律保障及明确的管理监督机构，经过长期发展，瑞典 0～6 岁托幼公共服务体系形成了一个完整而有效运行的体系。1975年，瑞典颁布了《学前学校法》，规定地方政府有完善公立托幼体系的责任，强调要保教结合。1995年，新颁布的法律规定，市政区有义务为儿童提供托幼公共服务。在管理制度上，从重视早期教育、有利于保教一体化、便于国家管理指导等综合视角出发，自1996年起，瑞典早期教育养育服务工作由教育与科学部负责。1998年，瑞典进一步开展学前教育改革，将学前学校纳入基础学校教育体系，并进一步强调政府对学前教育所负有的职责。几十年来，瑞典政府对婴幼儿照料和教育不断进行高额投资，托幼公共服务经费占到教育经费的1/3。瑞典改革的主要成效表现为：地方政府对保教机构的管理得到增强，1～5岁幼儿课程衔接得以促进，师资力量得以提高，保教收费制度得以完善，保教质量得到提高。在质量监督上，瑞典在国家层面确立了瑞典学校监察局作为监督机构，独立监控市政府和政府所管辖的所有早期儿童教育和保育机构。综合而言，瑞典托幼公共服务管理监督的主要特点和优势在于：建立由教育部门管理的统合早期保育和教育的行政管理机构，出台国家统一的教育保育课程，整合共建保教队伍，构建保教管理监督体系，优化保育收费并主要根据家庭收入制定收费标准。

（五）加大财政经费投入

为更好地缓和父母的工作家庭矛盾，法国政府于2004年开始实施"托儿所计划"，增设2万个托儿"学位"，并规定举办0～3岁托儿所的企业可以获得免税优惠。由于多种原因，近年来法国幼儿学校3岁以下婴幼儿入学比例有所下降。为此，法国政府于2013年强调幼儿园接收0～3岁婴幼儿的重要性，提出要继续发展面向0～3岁婴幼儿的托幼公共服务，并提出将0～3岁婴幼儿入园率恢复到30%的目标。法国政府还宣布，要增加一定的照看0～3岁婴幼儿的"学位"。上述措施必然伴随政府的财政支持，政府对婴幼儿照看和教育的补贴范围也较广。

日本政府从1993年开始，对设立保育设施的企业每年支付不低于360万日元的"企业内托儿补助金"，并要求企业从1995年4月开始给享受"育儿休业"的女职工缴纳社会保险金。2016年，内阁府、厚生劳动省出台《关于企业主导型保育事业的实施》《企业主导型保育事业费补助金实施纲要》等，对企业办园标准、师生比例、补助等内容进行了详细规定。同年，内阁会议批准日本"一亿总活跃计划"，其中包括新增工作和育儿两立支援、对企业办园进行资助、普及认定儿童园等内容。针对0～3岁婴幼儿，日本政府除了发展认定儿童园外，还增设其他保育事业并注重发展地区型保育。地区型保育专门接收0～2岁婴幼儿，主要开设在0～2岁等待入托人数较多但又缺少新的保育设施场所的地区。2013—2017年，日本政府在全国共提供了约53万个保育园"学位"。

　　韩国政府的托幼财政投入也在逐年增加，并且从2013年开始政府为0～5岁幼儿提供保育补贴。同时，政府对不在托幼设施的幼儿的家庭进行育儿补助。这一补助最初只是针对低保和低收入家庭的2岁以下婴幼儿，后来扩大到5岁以下幼儿。

专题七　云测试

综合云测试

亲爱的同学：

　　祝贺你顺利完成本门课程的学习！在这门课程的学习过程中，你一定收获颇丰。下面，请检测一下自己的学习效果吧。

编号	扫描二维码答题	自我检测记录与改进计划
1		
2		
3		

参考文献

[1] 陈璐茜.20世纪90年代以来瑞典学前教育保教一体化改革研究[D].重庆：西南大学，2016.

[2] 陈鹤琴.家庭教育：怎样教小孩[M].北京：教育科学出版社，1994.

[3] 福禄培尔.人的教育[M].孙祖复，译.2版.北京：人民教育出版社，2001.

[4] 郭力平，吴龙英.早期教育环境创设[M].上海：华东师范大学出版社，2019.

[5] 何慧华.0～3岁婴幼儿保育与教育[M].上海：上海交通大学出版社，2013.

[6] 杭梅.学前教育学[M].北京：高等教育出版社，2014.

[7] 洪秀敏，陶鑫萌.改革开放40年我国0～3岁早期教育服务的政策与实践[J].学前教育研究，2019(2):3-11.

[8] 和建花.法国家庭政策及其对支持妇女平衡工作家庭的作用[J].妇女研究论丛，2008(6)：70-76.

[9] 和建花.关于3岁以下托幼公共服务理念的再思考——跨学界视野与跨学界对话[J].学前教育研究，2017(7)：3-10.

[10] 胡洪强，索长清，陈旭远.日本"幼保一体化"的发展及其启示[J].基础教育，2015(6)：102-108.

[11] 李生兰.学前教育学[M].3版.上海：华东师范大学出版社，2014.

[12] 杜威尔-沃森，等.婴儿与学步儿的课程与教学[M].苏贵民，陈晓霞，译.北京：人民教育出版社，2009.

[13] 林力源.早期教育概论[M].北京：现代教育出版社，2017.

[14] 马晓娟，王晶.英美早期教育理论与实践及其对我国的启示[J].甘肃高师学报，2017，(4):34-36.

[15] 蒙台梭利.童年的秘密[M].马根荣，译.北京：北京师范大学出版社，1990.

[16] 皮亚杰.儿童的心理发展（心理学研究文选）[M].傅统先，译.济南：山东教育出版社，1982.

[17] 伊萨.儿童早期教育导论[M].马燕，马希武，王连江，译.北京：中国轻工业出版社，2012.

[18] 文颐.婴儿早期教育指导课程(0～3)[M].北京：北京师范大学出版社，2012.

[19] 易凌云.英国早期教育政策与实践的现状及其对我国的启示[J].湖南师范大学教育科学学报，2016(6):76-85.

[20] 张兰香.0～3岁婴儿保育与教育[M].北京：北京师范大学出版社，2017.

[21] 赵琼.托幼一体化是学前教育的发展方向[J].宁波大学学报（教育科学版），2002(1)：122-123.